ABC
da
sabedoria

Christophe André
Alexandre Jollien
Matthieu Ricard

ABC da sabedoria

TRADUÇÃO
Edgard de Assis Carvalho
Mariza Perassi Bosco

Palas Athena

Título original: *Abécédaire de la Sagesse*

Grafia segundo o Acordo Ortográfico da Língua Portuguesa de 1990,
que entrou em vigor no Brasil em 2009.

Coordenação editorial: Lia Diskin
Preparação de texto: Lidia La Marck
Revisão final: Rejane Moura
Capa: Vera Rosenthal
Projeto gráfico e diagramação: Tony Rodrigues

Dados Internacionais de Catalogação na Publicação (CIP)
(Câmara Brasileira do Livro, SP, Brasil)

André, Christophe
ABC da sabedoria / Christophe André, Alexandre Jollien, Matthieu Ricard. -- 1. ed. -- São Paulo : Palas Athena Editora, 2022.

ISBN: 978-65-86864-18-2

1. Autoajuda 2. Autoconhecimento 3. Felicidade 4. Sabedoria I. Jollien, Alexandre. II. Ricard, Matthieu. III. Título.

22-106547 CDD-158.1

Índices para catálogo sistemático:
1. Sabedoria : Autoajuda : Psicologia aplicada 158.1
Aline Graziele Benitez - Bibliotecária - CRB-1/3129

1ª edição, julho de 2022

Direitos de edição para o Brasil: Palas Athena Editora
Alameda Lorena, 355 • 01424-001 • São Paulo, SP • Brasil
Fone (11) 3050-6188
@associacaopalasathena
www.palasathena.org.br
editora@palasathena.org.br

“A superposição de todas as cores
do arco-íris produz uma luz branca.
Acontece o mesmo se criarmos uma
coerência entre compaixão,
controle da mente, liberdade interior,
discernimento e alegria de viver.
As cores variadas dessas qualidades
formam a luz branca da sabedoria.
A sabedoria não é a simples adição dessas
qualidades, mas o que emerge delas.”

MATTHIEU RICARD

Com cerca de mil páginas, nossos dois livros anteriores – *O caminho da sabedoria* e *Para nós a liberdade* – tentam oferecer algumas respostas às questões que nós mesmos nos fazemos sobre que rumo dar à existência: que objetivos merecem ser enfatizados? Como minorar o mal-estar? Como nos libertar de nossos entraves? Podemos ser autenticamente felizes? Como ajudar o outro?

A ideia do *ABC da sabedoria* que chega até vocês é extrair a essência dessas trocas frutíferas, apresentando-as sob a forma de pequenos textos concisos e acessíveis, classificados em ordem alfabética.

Esta coletânea é constituída de fragmentos revistos e modificados de nossas obras já publicadas, mas também de novos elementos que não haviam sido abordados e que consideramos úteis. Escolhemos evocar ainda os temas da biofilia (o amor pela vida), do fracasso, da equanimidade, do maravilhamento, de Jesus e do Buda, das mulheres sábias, do ideal, das recaídas, do sucesso, do envelhecimento etc. Neste livro, a partir de tentativas novas e inéditas, buscamos definir, ou pelo menos nos aproximar, do que é sabedoria.

Um último esclarecimento se faz necessário: que fique bem claro que nenhum de nós se considera sábio; mas nós três temos nos empenhado ao máximo para isso!

O QUE É SABEDORIA?

A SABEDORIA SEGUNDO ALEXANDRE: UM CAMINHO QUE ACOLHE OS PASSOS EM FALSO

A sabedoria não pode depender da bricolagem, do pré-fabricado; ela é um caminho, uma incursão bem no fundo de nós mesmos, na intimidade do nosso coração, onde a alegria, a paz, a grande saúde nos precedem. No dia a dia, com os meios de que dispomos, contra os ventos e as marés do mundo mental, cada um de nós é convidado a manter o rumo na direção dessa fonte, a seguir a própria bússola interior, a responder a esse chamado, inspirados nas palavras do mestre Rumi. Quando tudo nos conduz a uma reação automática, quando é tentador sucumbir na amargura e na maldade, precisamos pacientemente, mil vezes por dia, recordar esse chamado. A sabedoria descortina um horizonte. Sim, é possível viver as circunstâncias de nossa existência sem sermos envolvidos pela densa névoa de nossas projeções, sem funcionar no modo bola de bilhar e não saber escolher que direção tomar.

Por mais caótico que pareça, quase sempre me sinto na contramão de uma sabedoria real, de uma estabilidade de ferro. Mas apesar do desespero e do medo, sempre entrevejo ainda alguma luz, alguma direção. Claro que o caminho a percorrer é gigantesco. É preciso escapar dessa condição de prisioneiro, dessa condição do ego; é preciso exercitar-se nisso, remar contra a maré.

Nietzsche nos fornece uma preciosa ferramenta: o conceito de "grande saúde". O ideal da *boa saúde* – esplêndida, sem nenhum problema – exclui muita gente. Enquanto a *grande saúde*, de que fala

Nietzsche, acolhe feridas, traumatismos, contradições, deficiência, doença. Jamais cristalizada, a *grande sabedoria* faz uma fogueira de tudo isso e confirma que mesmo nossas contradições podem nos conduzir à lucidez. Etapa por etapa, milímetro por milímetro, quaisquer que sejam nossas fragilidades, podemos agir, podemos nos exercitar, inclusive e sobretudo no meio dos passos em falso, dos aborrecimentos diários.

Avançar rumo à sabedoria é praticar o *slalom* entre dois perigos. A primeira ameaça é a tirania do eu. Será que não temos no fundo de nossa psicologia uma espécie de "mini-Trump" oculto, que brada não um "*América first*", mas sim um "eu primeiro"? Somos mais de sete bilhões de seres humanos. Como a voz da mente pode delirar a ponto de não levar em consideração os sete bilhões de outros seres? Há também o perigo da ditadura do "todo mundo" como diria Heidegger: leio essa obra porque "todo mundo" está lendo; amo porque "todo mundo" ama; indigno-me porque "todo mundo" se indigna; em resumo, meus gostos, meus comportamentos são moldados a partir de fora, a partir do que os outros dizem e fazem.

Aspirar à grande sabedoria implica, antes de tudo, concentrar-se *nesta* etapa, *neste* progresso, no momento presente que, como se nos tomasse pela mão, nos conduz aqui e agora ao abandono do ego. Dar início a uma nova arte de viver, longe do eu e do despotismo do que os outros vão dizer – eis a grande questão, o fabuloso desafio!

Etimologicamente a palavra "filosofia" designa "amor pela sabedoria". Com humildade, o filósofo entra em ação, pesquisa, parte em sua busca. Rodeado de bons amigos, consagra sua rotina a uma prática de si, a uma relação com o mundo e com o outro, decidido a livrar-se das paixões tristes, das falsas expectativas, dos arrependimentos. Para os gregos, a sabedoria comporta duas dimensões intimamente ligadas: em um sentido, a *sophia*, sabedoria contemplativa, teórica, a excelência intelectual; em outro, a sabedoria prática, a *sofrósina*, ou seja, a maneira de equilibrar as emoções, entre outras coisas. Para qualquer coração humano, encontrar o equilíbrio pode ser algo muito delicado. No entanto, existe prazer em se empenhar no assunto. A etimologia latina da palavra "sabedoria" assim sugere quando evoca a ideia de "sabor". Aquele que alimenta a *sapientia* sente alegria e prazer em dedicar-se a isso. Como é libertadora a alegria de dizer adeus aos falsos bens, às distorções do real, aos mal-entendidos que nos fazem ver o mundo de maneira distorcida e, portanto, dolorosa.

Vamos acabar de vez com a imagem de uma sabedoria "cautelosa", cheia de precauções, como dizia Nietzsche. Quando amor e sabedoria caminham de mãos dadas numa dança, eles nos conduzem à liberdade, à alegria, a um desapego de si. Associar a sabedoria a uma ascese triste, afirmar que ela nos obrigaria a uma vida sem emoção, a um eletrocardiograma horizontal e tedioso, é um pouco como passar a vida naqueles desconfortáveis carrinhos bate-bate, ou em montanhas-russas emocionais, recusando-se obstinadamente a sair dessa condição. Melhor dizendo, para mim, a sabedoria permite usar carrinhos bate-bate e montanhas-russas sem aquela legião de arrependimentos, de comentários e de atritos. Optar por um caminho espiritual é não faltar ao mais íntimo dos nossos encontros, é tentar chegar ao fundo de nós mesmos, abandonar o protagonismo, os papéis que desempenhamos incessantemente, e tentar avançar sem armadura: é aprender a nadar, a flutuar no oceano da vida, a mergulhar fundo. Não há nenhum pré-requisito para isso. Nem significa ser perfeito. Por que diabos deveríamos ser perfeitos para atravessar a existência?

É preciso ressaltar, enfim, que uma sabedoria solitária no seu canto, que uma felicidade confortável dentro de algum *bunker* espiritual não valeriam uma hora de sofrimento. Praticar a sabedoria é estender a mão, é nos apoiar uns aos outros, é avançar todos juntos.

A SABEDORIA SEGUNDO CHRISTOPHE: UMA FERRAMENTA PARA SE APROXIMAR DA FELICIDADE

Não sou filósofo e minha visão de sabedoria é ao mesmo tempo idealizada e, sem dúvida, simplificada. No entanto, ela tem uma dimensão essencial para mim, e lamento um pouco a ideia de que, no fim das contas, a maioria dos filósofos contemporâneos se interesse bem pouco por ela. Eles quase sempre consideram a sabedoria como uma espécie de ilusão e até mesmo de pretensão: quem ousaria considerar-se sábio? Outras vezes, acreditam que sua busca é essencialmente uma ilusão: "O homem não é anjo nem animal, mas quem quer ser anjo, acaba sendo animal", como indica a célebre frase de Pascal. Por fim, para alguns, o objetivo na busca da sabedoria não é a felicidade, mas a verdade. E mesmo que a verdade possa nos fazer sofrer, devemos preferi-la apesar de tudo. Todos esses argumentos podem ser justos e fundamentados, mas eu me sinto bem longe disso.

Creio no poder reconfortante da sabedoria. Creio em sua capacidade de nos ajudar a sofrer menos e de fazer sofrer menos. De modo geral, penso que, se nos esforçarmos em ter comportamentos sábios com a maior frequência possível, isso será reparador e consolador tanto para nós como para os outros. No dia a dia, a sabedoria para mim é como uma bússola, um GPS, que ajuda a não perder tempo demais em condutas ligadas ao egoísmo, à preguiça, às influências nefastas de nosso ambiente materialista. Todo ser humano deve aplicar esforços a fim de aproximar-se dessa sabedoria que toda manhã recomeça a partir do zero: acordamos e dizemos a nós mesmos que, embora na noite passada tenhamos dormido com a impressão de ser um pouco mais sábios, sabemos bem que há muito trabalho pela frente e que teremos até mesmo de recomeçar tudo a partir de hoje. É como se fosse um trabalho de manutenção da sabedoria. Tudo isso pode ser encontrado no pensamento dos filósofos antigos, ou no dos filósofos contemporâneos que se interessam pela filosofia antiga, mas pouco na filosofia contemporânea.

Diante da questão básica – "É necessário escolher a verdade, a liberdade ou a felicidade?" – pode-se responder que, no fundo, a sabedoria é a capacidade de extrair livremente a felicidade da verdade. Temos aqui um exemplo: a verdade é que não gozo de boa saúde. Mas o que faço com isso? Posso dizer a mim mesmo que, embora minha saúde seja frágil, apesar de tudo, continuo vivo. Tenho amigos com quem posso falar, compartilhar e, portanto, posso extrair felicidade da verdade. Compreendo muito bem o que os filósofos querem dizer quando afirmam que a filosofia e a sabedoria em princípio não têm o objetivo de fazer ninguém feliz, que esse é um efeito colateral. Entretanto, sou favorável a uma aproximação com a verdade para dissipar as ilusões, mas também, se continuamos nesse caminho, para aumentar nossa felicidade.

A SABEDORIA SEGUNDO MATTHIEU:
O DISCERNIMENTO E O AUTOCONTROLE

A sabedoria tem dois componentes essenciais: uma visão justa das coisas e uma perfeita liberdade interior. O primeiro componente procede de uma justa compreensão das coisas. Se nos agarramos a uma visão distorcida da realidade, se pensamos, por exemplo, que as coisas são permanentes e dotadas de existência autônoma e intrínseca, só encontramos frustração e sofrimento. Como eclipsa o conhecimento, essa confusão nos afasta da sabedoria, pois nos instiga a colocar as mãos no fogo esperando que não fiquem queimadas, além de estimular nossa adicção às causas do sofrimento. A sabedoria, ao contrário, vem junto com uma adequação à realidade, com o discernimento e com a compreensão dos mecanismos da felicidade e do sofrimento. Em outros termos, a sabedoria permite eliminar o fosso que criamos entre as aparências enganosas e a realidade.

O outro aspecto da sabedoria depende do autocontrole. Um sábio não pode se comportar de maneira errática, confusa, impulsiva e incoerente. Ter controle sobre si mesmo não é se comportar de maneira rígida, nem viver subjugado por dogmas e normas constritivas. Autocontrole é sinônimo de liberdade. Um marinheiro que controla seu navio o conduz a bom porto através de oceanos e tempestades. Ter controle sobre si mesmo é não ser mais joguete das emoções nem escravo de pensamentos tóxicos, que necessariamente levam ao sofrimento e ao desencantamento. Em suma, a tudo, menos à plenitude. O autocontrole caminha junto com um equilíbrio interior, uma mente clara e serena.

O sábio saberá então separar as coisas e tomar decisões justas, levando em conta as vantagens e os inconvenientes em jogo, para si mesmo e para os outros. Ele não vive sob a influência de intolerâncias e preconceitos e não sobrepõe suas próprias projeções mentais à realidade. Lúcido, discernirá sutilmente o que é capaz de gerar o bem daquilo que reforça o sofrimento, a curto e a longo prazo. Em consequência, digno de confiança, o sábio será naturalmente respeitado na comunidade na qual evolui. Sua liberdade interior o protege da vulnerabilidade e da instabilidade, coisas que a maioria de nós sente na vida diária. O sábio não será facilmente desestabilizado pelas circunstâncias adversas. Ele mostra resiliência, assim como um barco à vela equipado com uma boa quilha, que o impede de emborcar ao menor sopro de vento.

Nos textos budistas, também se compara a mente do sábio a uma montanha que permanece inalterada pelos ventos. Além disso, a mente do sábio é mais ampla; nela as preocupações e aleatoriedades da vida diária – o ganho e a perda, o prazer e o desprazer, o elogio e a crítica, o anonimato e a celebridade – parecem insignificantes.

A

Aceitar

Com frequência, confunde-se aceitação com resignação. Durante uma conversa com universitários norte-americanos, expliquei que o treinamento da mente por meio da meditação permitia modificar nossa percepção de situações dolorosas e ajudava a adquirir as capacidades necessárias para enfrentar melhor os altos e baixos da existência. Eles responderam categoricamente que era perigoso recomendar essa adaptação, já que isso equivaleria a dizer às pessoas que sofrem que elas só precisam habituar-se à sua condição. Como se os escravos, as mulheres espancadas, aqueles que apodrecem injustamente nas prisões e outras vítimas da opressão não tivessem nada melhor a fazer do que meditar para aprender a satisfazer-se com seu destino, mais do que clamar por justiça e pelo fim da opressão. Essa reação é baseada num mal-entendido. Adquirir a capacidade de enfrentar com coragem e serenidade as circunstâncias dolorosas é munir-se de um precioso recurso para sofrer menos, o que não significa de modo algum se resignar. Ao cultivar a liberdade interior, evitamos simplesmente somar o sofrimento e a exasperação aos outros males de que já sofremos. Evitamos sofrer em dobro.

Diante do que vive uma pessoa doente, é claro que não se pode esbravejar: "Eu a aconselho a aceitar seu sofrimento e, a partir de agora, deixo você se virar sozinha". O que devemos dizer é que vamos usar todos os meios possíveis para pôr fim à sua situação, mas que será muito útil se ela tiver uma atitude diferente em relação à sua condição. E, por vezes, simplesmente aceitar que, pelo menos naquele momento, não se pode fazer nada. Em vez de bloquear o horizonte, como acontece com a resignação, essa aceitação permite acrescentar algo de positivo.

O autor canadense Rémi Tremblay escreveu um livro muito tocante – *La chaise rouge devant le fleuve* [A poltrona vermelha diante do rio] – no qual fala de seu filho toxicômano. Ele explica como durante muito tempo tentou colocar o sofrimento "debaixo do tapete", pois estava preso no círculo vicioso da esperança, da expectativa e da decepção. Ninguém jamais deseja ver seus filhos sofrer, mas o que ele disse foi que aprendeu a acolher seu próprio sofrimento sem alimentá-lo nem fugir dele, sem ignorá-lo nem partir para a ação. Hoje em dia, consegue mais facilmente estar presente, à escuta de seu filho, e fala da presença como de uma "postura de amor" que o convida a ser mais afetivo, mais tranquilo e, por isso, mais capaz de ter discernimento e de agir de modo mais justo.

Em outras palavras, a aceitação de uma situação que não se pode mudar, ou que levará tempo para isso, deixa a porta aberta à possibilidade de ampliar a dimensão libertária do amor. ***Matthieu***

Acontecimento a posteriori

A vida nos dá inúmeras lições, mas nem sempre somos bons alunos: com frequência esquecemos de estudar e rever essas lições. Quando um acontecimento marcante sobrevém em nossa existência, será que dedicamos algum tempo para refletir sobre ele *a posteriori*? Não quero dizer ruminar sobre ele, pois isso seria ocupar a mente remoendo inútil e passivamente o que já passou. Falo de refletir, de fazer uma pausa, de voluntariamente se dar um tempo a fim de rever e de compreender o que ocorreu, e então poder decidir melhor o que fazer depois. É o único meio de que dispomos para transformar a passagem pela adversidade em experiência de vida; se não for assim, as adversidades se transformarão em feridas e traumatismos.

Infelizmente, quase nunca se faz uso desse tempo! Por preguiça, por medo, por desejo de não sofrer. Mas também por não se dar conta disso, já que um dos males de nossa época é a aceleração dos ritmos da vida. No lazer e no trabalho, obedecemos cada vez mais à lógica que os economistas denominam "fluxo cumulativo": suprime-se o mínimo tempo livre para agir, agir, agir, para preencher com ação produtiva até o mais ínfimo segundo. Ora, é essencial estar presente imediatamente após o que acabamos de viver, fazer, dizer ou ouvir, e observar qual é nosso estado naquele momento: que tipo de julgamentos, pensamentos, emoções nos invadem? Esse tempo de digestão dos acontecimentos é absolutamente indispensável após um conflito, uma altercação, uma contrariedade. E sobretudo não passar na mesma hora de uma coisa para outra, não se fixar direto nas telas digitais, no trabalho, nas lamentações...

Em suma, não fugir do desconforto emocional, mas, ao contrário, tomar um tempo para meditar sobre o que aconteceu, observar o estado em que aquilo nos deixou e vislumbrar o que se poderia fazer de adequado e não de impulsivo a partir de então. ***Christophe***

Acrasia

Os gregos forjaram um conceito esclarecedor para descrever os campos de batalha, os conflitos interiores que se desencadeiam no fundo de um coração: a *acrasia.* Pela etimologia, *acratos* significa o "não poder". Poderíamos traduzir esse termo também por "fraqueza da vontade". São Paulo resume maravilhosamente as aflições, a agitação, as lutas que podem acontecer nas profundezas de um ser: "Com efeito, não faço o bem que quero, mas pratico o mal que não quero". Essa é a origem do sentimento interior de guerra civil, de um dilaceramento estilo quebra-cabeças e de intermináveis conflitos. Impotente, a vontade indica uma direção, mas quem lidera são as pulsões, as emoções, os medos. Quem nunca experimentou essa perturbação mental que deixa a gente sem recursos? É mais forte do que nós...

A acrasia pode contaminar muitas áreas da existência. O alcoolismo, a adicção, a toxicomania são situações que indicam uma ruptura interior que vêm revelar a dificuldade de realizar o melhor de nós mesmos. A impotência para mudar prejudica muitas áreas da vida. Sei de antemão que uma relação é nociva, mas mergulho nela até o pescoço. Como sair da engrenagem, como não alimentar esse mecanismo funesto que aliena e reduz nossos esforços a nada? Sem falar do sentimento de culpa que corrói o pobre desamparado que vê abrir-se o fosso que separa seu ideal de vida, suas convicções, suas sublimes aspirações de seus comportamentos e ações. Daí a necessidade de uma ascese, de uma pacificação interna, a fim de tentar conquistar a grande saúde e acabar de vez com as tiranias pulsionais.
Alexandre

TRÊS CONSELHOS DE ALEXANDRE
PARA ENFRENTAR A ACRASIA

- Não fazer um drama dos combates, das recaídas, dos passos em falso. Todo ano, no dia 1º de janeiro, assumo compromissos impossíveis de cumprir a longo prazo. Descobrir a liberdade é primeiro de tudo identificar quais são as correntes que nos aprisionam, avaliar nossos recursos e dissolver um a um os psicodramas.
- Há muito trabalho a fazer e nunca está acabado. O caminho espiritual parece muito mais uma maratona do que uma corrida de velocidade, um *sprint*. No meio do caminho, podemos tropeçar, quebrar a cara. Para essa grande viagem, temos de descobrir o que nos agrada, o que nos reconforta. Um maratonista que se dopasse, ou se anestesiasse, não poderia manter o passo o tempo todo. A sabedoria exige identificar o que nos nutre profundamente. Essa gaia ciência é a alegria incondicional.
- Descentrar-se. Tentar resolver os combates interiores no confronto é com certeza dar com a cara no muro. Por isso, a

prudência manda descentrar-se um pouco, impedir que os problemas sejam o centro da nossa vida, o que não significa fugir deles. E, quando estiver me sentindo mal, nada me impede de concretamente chamar alguém que também luta contra a acrasia para apoiá-lo, oferecer-lhe um ombro amigo, escutá-lo.

Adicção à infelicidade

Quando a angústia me paralisa, às vezes me surpreendo por achar insípidas a alegria e as calmarias do cotidiano. É como se faltasse adrenalina para me estimular na hora da competição, e isso é dramático. Os golpes do destino são avassaladores, extenuantes, mas pelo menos, quando eu lutava, sabia por que razão me levantava de manhã. Em *A gaia ciência*, Nietzsche escreveu: "Escuto na dor o grito de comando do capitão do navio: 'Recolham as velas!'. O ousado navegador 'homem' teve de aprender mil maneiras de dispor as velas, senão logo teria passado, o mar o teria engolido". Mas depois, quando o dia a dia e a rotina retomam o ritmo, surge uma carência, quase uma habituação, e mesmo uma expressa adicção à infelicidade. Como se fosse preciso carregar pedras para sentir-se vivo.

Nossa relação com as emoções pode ser considerada no mínimo ambígua. Se as emoções em excesso nos fazem sofrer, se nos fazem perder as referências, é porque existe algum um mal-entendido: alguns acreditam que precisamos de emoções intensas para existir e que a meditação acaba amputando nossas emoções.

O que me *seduziu* na filosofia é que ela parecia prometer a famosa ataraxia – ausência de problemas da alma. Hoje percebo muito bem que eu talvez não tenha nenhuma chance de eliminar os zilhões de problemas que agitam minha mente. No entanto, graças à meditação, uma espécie de milagre tem ocorrido dia após dia. Com frequência, chego até mesmo a rir das minhas angústias e a não ter mais medo de meus medos.

Um exercício me ajuda bastante nisso: ver que a consciência que vive a experiência do medo, da angústia e do desgosto jamais é atingida. Existe no homem e na mulher uma parte que permanece ilesa. Nenhum trauma é capaz de perturbá-la. Poderíamos então comparar a consciência a uma espécie de grande caldeirão de sopa. Dentro dele tem de tudo: grão-de-bico, alface, cenoura, que nos deixam de bom humor, e cebola, que nos arrancam lágrimas. Na infelicidade, o ego limita-se a mastigar as cebolas sem saborear o resto. Considerar a consciência como um caldeirão de sopa permite deixar as emoções aflorar sem reduzir-se à raiva, ao sofrimento, que também são ingredientes, como tantos outros. ***Alexandre***

VER TAMBÉM *DEPENDÊNCIA*.

Agir

Estabelecer uma distinção entre meditação e ação é um erro de principiante. A experiência dos praticantes ensina que os laços entre as duas são estreitos, que meditar ajuda a agir melhor e, às vezes, a simplesmente não agir; o que não significa de modo algum se calar. Na tradição zen, por exemplo, que dá muita importância à posição de ficar sentado imóvel, quase todos os atos do dia a dia podem também servir de suporte para a meditação: comer, andar, organizar, limpar. Desde que sejam realizados com atenção plena, com a mente alinhada ao corpo.

De maneira geral, a fim de meditar agindo, basta estar sempre presente nas próprias ações. Verdadeiramente presente. Não fazer outra coisa além do que já estamos fazendo – andar, dirigir, arrumar, escutar, escrever, ler, colocar as chaves ou os óculos em algum lugar, cozinhar, limpar. Com frequência o corpo age, mas a mente está em outro lugar, com seus queixumes e sonhos, preocupações e projetos. Todos os trabalhos chamados de "multitarefa" – fazer várias coisas ao mesmo tempo, dirigir telefonando, falar monitorando seus SMS – demonstram claramente que esse hábito nos torna mais estressados e nos leva a fazer cada uma das atividades não tão bem como deveriam ser feitas.

Em contrapartida, agir com atenção plena pode conduzir ao que os pesquisadores denominam estado de fluxo, momentos em que estamos completamente absortos numa atividade, em que desempenhamos essa atividade usando o melhor de nossas capacidades, desfrutando de um sentimento intenso de competência e de prazer. Esse "fluxo" pode ser identificado em esportistas, em artistas, mas também em trabalhadores intelectuais e na prática de lazer, como bricolagem, jardinagem etc. Agir com atenção plena permite compreender que viver bem é não se esquecer de viver no presente, no aqui e agora. ***Christophe***

Agressividade

Os ensinamentos budistas sempre nos aconselham a não nos apropriar interiormente do mal que nos causaram. Um homem havia insultado Buda várias vezes. Buda então lhe perguntou: "Se alguém lhe dá um presente e você se recusa a aceitar, quem no fim das contas é dono do presente?". Um pouco surpreso o homem respondeu: "A pessoa que quis dar o presente!". Buda então respondeu: "Seus insultos, eu não os aceito; eles que fiquem com você".

Diante de gente ingrata, rude e perversa, parece que temos tudo a ganhar ao manter uma atitude benevolente. Permanecendo calmo, cortês e aberto para o outro, na melhor das hipóteses, eu desarmo sua animosidade. E se a pessoa não mudar de atitude, terei pelo menos conservado minha dignidade e minha paz interior. Se entrar em confronto, eu mesmo sucumbirei aos defeitos que tanto deploro no outro. O cenário habitual do confronto é a escalada: alguém fala cada vez mais alto comigo, retruco imediatamente, o tom de voz sobe mais ainda, e logo partimos para a violência. ***Matthieu***

VER TAMBÉM *NÃO VIOLÊNCIA*, *VIOLÊNCIA*.

Alegria

A alegria me parece mais simples, mais acessível do que a felicidade. Tenho a impressão de que o imperativo "seja feliz a qualquer preço" deixa muita gente de fora. Mais humilde, a alegria parece mais compatível com as nossas fraquezas e limites: posso me sentir alegre mesmo se sofro de dores crônicas ou se passo por um período de luto. Não tem nada de mais atender ao seu chamado. Mesmo quem rala de manhã até de noite pode viver essa experiência.

Por que comparar alegria a opulência, a superficialidade, quando ela é apenas um "sim" profundo e autêntico ao real tal como se apresenta? Felizmente Spinoza lembra que esse sentimento é a passagem do homem de uma perfeição menor para uma perfeição maior. Toda vez que a vida ganha terreno, desde que eu avance, a alegria expande meu coração. Um passo em falso, e é o ego que literalmente toma conta de tudo. Em seu livro *The Eighth Day* [O oitavo dia da semana], Christian Bobin evoca "uma alegria elementar do universo, que se ofusca toda vez que se deseja ser alguém ou saber alguma coisa".
Alexandre

VER TAMBÉM *FELICIDADE*.

Altruísmo

Às vezes, temos a tendência de pôr o altruísmo, a compaixão e a empatia dentro do mesmo saco. Mas, por trás dessas palavras, existem estados mentais diferentes, que têm repercussões diferentes em nossos comportamentos e, em consequência, nos dos outros. Altruísmo, ou amor altruísta, é essencialmente a intenção de fazer o bem para os outros. Se desejo realizar um ato generoso, calculando que tirarei grandes vantagens como resultado de meu ato, não se trata de altruísmo, mas sim de um comportamento interesseiro. Compaixão é a forma que o altruísmo assume quando é confrontado com o sofrimento do outro. O budismo define compaixão especificamente como "o desejo de que todos os seres sejam libertados do sofrimento e de suas causas". Altruísmo e compaixão distinguem-se de empatia (ver *Empatia*).

O altruísmo e a compaixão ficam limitados quando se restringem apenas ao seu componente emocional. No entanto, esses dois sentimentos têm uma dimensão cognitiva essencial, mencionada com menos frequência. É essa dimensão que permite, de um lado, perceber as necessidades dos outros – inclusive dos que consideramos estrangeiros ou inimigos – como, por exemplo, o desejo de libertar-se das condições desfavoráveis e dolorosas, e de outro, ampliar nossa compreensão de seu sofrimento. Para o budismo, a causa fundamental do sofrimento é a ignorância – a confusão mental que nos faz perceber a realidade de modo distorcido e que gera uma multiplicidade de acontecimentos mentais perturbadores, que vão do desejo compulsivo ao ódio, passando pela inveja, pela arrogância e por todas as outras emoções negativas. Quando se ignora esse aspecto cognitivo do altruísmo e da compaixão, mostrando-se interesse apenas pelas formas visíveis do sofrimento, não se poderá jamais remediar inteiramente esse sofrimento.

Quando realizamos um ato benéfico para o outro, porém com o objetivo de obter uma vantagem específica, isso não significa verdadeiramente altruísmo, já que visamos promover nossos próprios interesses. Posso recobrir uma pessoa idosa de atenções na expectativa de herdar sua fortuna, fazer um favor a alguém para que ele me elogie, ou ser generoso a fim de adquirir a reputação de filantropo. Podemos também ajudar alguém para aliviar a consciência pesada, para ter uma boa opinião de nós próprios ou para evitar críticas.

O altruísmo é desinteressado quando ajuda os outros com a única finalidade de fazer o bem. O verdadeiro altruísmo é a explicação mais simples e autêntica para os atos benéficos que se efetivam constantemente na nossa vida diária. Podemos designá-los como a "banalidade do bem". Para certificar-se disso, Daniel Batson passou trinta anos da sua vida imaginando situações experimentais que permitissem determinar, sem ambiguidade, as motivações altruístas ou egoístas de indivíduos cujas reações observava. Ao cabo desse trabalho paciente e sistemático, concluiu que o verdadeiro altruísmo efetivamente existe e que, no estado atual dos conhecimentos científicos, não existe nenhuma explicação plausível nos resultados de seus estudos que seja fundamentada no egoísmo.

Com frequência me fazem a seguinte pergunta: "Como ser altruísta e sentir compaixão por um ditador sanguinário e impiedoso?". A compaixão visa aliviar qualquer forma de sofrimento. Confrontado com um louco furioso e perigoso, o médico não vai nocauteá-lo com uma paulada, mas controlá-lo, caso seja necessário, e buscar os meios de tratá-lo. Isso não significa de modo algum adotar uma atitude permissiva, mas não é melhor desejar que o ditador pare de disseminar o ódio, a crueldade, a cobiça, a indiferença e agir de forma que as condições que favoreceram a emergência dessa aberração em uma sociedade sejam transformadas? ***Matthieu***

VER TAMBÉM *COMPAIXÃO, EMPATIA, INTERDEPENDÊNCIA.*

QUATRO CONSELHOS DE MATTHIEU PARA SER MAIS ALTRUÍSTA

- Não fique assustado com o altruísmo incondicional por parecer que ele está fora de seu alcance. Na verdade, basta desejar que "todos os seres humanos possam encontrar a felicidade e as causas da felicidade e ser apartados do sofrimento e das causas do sofrimento" para que seu altruísmo se torne incondicional. Não significa que você sozinho tem de ser capaz de aliviar todos os sofrimentos. Basta não excluir ninguém do seu altruísmo.
- Não se culpe por não fazer o que está além de suas forças, mas sim por desviar o olhar quando puder agir.

- Por pior que seja a circunstância, a benevolência e a compaixão podem ser cultivadas como qualquer outra atitude física ou mental.
- Use sua faculdade natural de benevolência com seus familiares como ponto de partida a fim de estender sua benevolência para além de sua família e daqueles a quem você ama.

Ambiente

A fim de mudar a si mesmo e mudar o mundo, os esforços pessoais contam, mas os ambientes em que vivemos têm importância fundamental: eles são o banho diário no qual evoluímos sem perceber; inspiram vícios e virtudes, refreiam ou ajudam. Como médico, acredito que esses ambientes possam contribuir, por exemplo, para a saúde, ou alterá-la. É o que se denomina "medicina ambiental": ninguém pode gozar de boa saúde num ambiente doentio, num ecossistema poluído, quer se trate de poluentes físicos (do ar, da água, dos alimentos), de poluentes relacionais (viver em incessante competição ou em comparação com os outros) ou de poluentes culturais (viver numa sociedade egoísta e materialista). Em contrapartida, um ambiente favorável beneficia a saúde e o bem-estar: o contato regular com a natureza, o fato de contar com familiares e amigos sempre prontos a nos amar e a nos ajudar, o pertencimento a uma cultura que promove valores de solidariedade e de respeito e reaviva esses valores em nós, tudo isso é bom para nossa insignificante pessoa, mesmo sem esforços de nossa parte.

A reflexão ecológica não implica apenas a proteção da natureza, mas também a proteção dos laços humanos, das sociedades humanas, com tudo o que elas têm de melhor. Além de desconfiança e de ação, quando se trata do que têm de pior. Tudo isso conta muito, mesmo que às vezes não se tenha consciência disso. Um ambiente favorável liberta a mente, proporciona emoções agradáveis, dá uma sensação de segurança pessoal e me permite ter uma relação aberta e serena com o mundo. Em ambientes favoráveis tenho o sentimento de viver num universo previsível, justo e coerente. São como ventos favoráveis que impulsionam e ajudam a avançar! Por outro lado, num ambiente tóxico, fico estressado, entristecido e me sinto forçado a permanecer vigilante, desconfiado, a me proteger dele.

O que gosto nessa noção de ecologia é o fato de que ela nos faz lembrar que não somos seres imateriais flutuando no ar: é exatamente onde fincamos raízes – em nossa cultura, em nosso ambiente natural, nos laços que estabelecemos com os semelhantes – que encontramos as substâncias que nos alimentam. A árvore plantada na cidade não cresce da mesma forma que a árvore na floresta. Por isso, talvez seja valioso refletir sobre uma ecologia do equilíbrio interior e definir as condições exteriores que podem ser favoráveis ou desfavoráveis a ele. ***Christophe***

VER TAMBÉM *BIOFILIA, ECOLOGIA*.

Amigos do bem

No *Sutra da Joia do Sexto Patriarca*, o sábio Hueineng evoca os "amigos do bem", expressão genial que afirma que ninguém pode libertar-se sozinho no seu próprio canto, mas que para isso devemos nos abrir, nos doar, nos encorajar, nos apoiar e estender as mãos uns aos outros. A meu ver, essa ligação espiritual, esse companheirismo íntimo, tem duas características da maior importância. Primeiro, exige um amor incondicional que não julga e acompanha o outro incessantemente até o extremo de suas fragilidades. Ao mesmo tempo, e sem a menor complacência, convida seu companheiro a superar tudo, a sair de si mesmo, a livrar-se dos incontáveis determinismos que podem barrar o caminho. Assim como Aristóteles, Hueineng vê na amizade uma cumplicidade que torna todo mundo melhor. O caso é que, com frequência, o vínculo com o outro não passa de uma relação de negócios que, como dizia Sêneca, acaba junto com o lucro que traz. ***Alexandre***

Amor

Amor e sabedoria parecem incompatíveis, já que o amor quase sempre evoca a parcialidade e o apego, enquanto a sabedoria, ao contrário, é fruto de um trabalho de lucidez e libertação. Sem dúvida, é necessário especificar de qual amor estamos falando neste livro: não é do amor-paixão, possessivo e abusivo, mas sim do amor-dádiva, do amor generoso, do amor altruísta, do amor que deseja o bem do outro e não colocá-lo sob tutela, sob controle. Um amor no qual estamos dispostos a nos tornar invisíveis para o bem da pessoa amada, ou das pessoas amadas, já que esse amor altruísta nunca é exclusivo. É claro que o amor louco permite escrever lindas histórias, na literatura e no cinema, mas no dia a dia as histórias são menos belas. O amor altruísta parece ser uma opção melhor, pois não é incompatível com o apego, com o desejo, nem mesmo com as idas e vindas da paixão e com suas recaídas; mas não impede ninguém de abrir-se para o mundo e para os outros, para todos os outros. E de manifestar uma infinidade de qualidades: afeto, amizade, simpatia, benevolência, compaixão, ternura... ***Christophe***

Angústias

Um dia, durante um momento de angústia extremamente persistente, Matthieu sugeriu que eu contemplasse a natureza desses medos, seus contornos e consistências. Longe de se assemelharem a avalanches de pedras que resvalam da montanha e arrastam tudo o que encontram pela frente, ou ao fogo que devasta uma floresta e consome até mesmo seu recanto mais remoto, pude constatar que os medos, as dúvidas eram apenas puros produtos da mente. O exercício espiritual é ter a experiência direta, é perceber que a consciência é infinitamente mais vasta do que os espasmos psíquicos que nos acometem. É louco ver como o ego abala-se com a ameaça, com o que poderia não dar certo, com as pedras imaginárias que eventualmente poderiam cair sobre nós. Mudar o modo de ver as coisas, mas sem ingenuidade, é apreciar tudo o que corre bem na vida, os seres amados, nossos filhos, amigos, sem dar muita importância à avalanche de premonições que sabotam qualquer possibilidade de repouso, de leveza e de quietude.

No fundo, isso é aceitar a ideia de que vivemos num universo em que o trágico nunca está muito distante. O desafio é encontrar, é descobrir uma alegria duradoura, serena e leve num mundo marcado pela rubrica do efêmero. Uma centena de vezes por dia, deslocalizar-se, abandonar o ponto de vista hiperestreito sobre o mundo, essa paranoia que vê perigo em toda parte e que se alimenta de tudo. Nada contraria mais essa lucidez do que um pseudométodo Coué[1]. Não resta dúvida de que basta ver as notícias do dia na televisão para constatar a imensa torrente de misérias, injustiças, doenças, e perder a esperança.

Nosso cérebro, esse aparelho mental hipersofisticado, parece quase programado para focalizar aquilo que atrai a atenção! Daí esse estado de alerta praticamente inextinguível e seu longo cortejo de temores, de rejeições, esse medo de desagradar, o horror das doenças, da morte, e assim por diante. Mas o modo padrão do nosso equipamento interior talvez não seja feito totalmente de granito. A ajuda de um amigo tem a aptidão precisa de dinamitar o que nos assombra. Como um motorista muito experiente, dotado de infinita paciência, Matthieu me mostra que a via do medo é um beco sem saída, um erro de direção. Sua firmeza excepcional na estrada reforça minha fé quando minha tendência é dirigir no modo automático.
Alexandre

VER TAMBÉM *ANSIEDADE, NÃO MEDO, MEDO.*

1. Émile Coué (1857-1926) foi criador de um método psicoterapêutico que consistia na repetição de palavras ou imagens como forma de autossugestão enviada à mente subconsciente, o que possibilitaria a um indivíduo condicioná-la e, quando necessário, produzir um comando autogênico. Após sua morte, esse método foi praticamente desconsiderado pelas várias correntes da psicoterapia. [N. Ts.]

Ansiedade

Em psicologia, o medo designa o conjunto das reações do corpo e da mente diante da *presença* de um perigo, real e concreto. A ansiedade, por sua vez, concentra essas reações diante da *possibilidade* de um perigo que se aproxima ou que se imagina. Como se diz com frequência, a angústia é um medo sem objeto. Sem objeto imediato, mas não sem realidade, já que ela se apodera do nosso corpo e mente!

Na maior parte do tempo, ninguém percebe que os ansiosos deixaram nosso mundo e entraram em outro universo que não obedece mais às mesmas regras. Nesse mundo virtual, as informações são tratadas de maneira bem diferente: se um risco tem apenas uma chance em um bilhão de acontecer, mesmo assim ficamos totalmente à mercê dessa minúscula possibilidade. Já não é essa a lógica de um não ansioso. E o melhor esforço que se pode fazer para superar e dominar a ansiedade é retornar ao real. E às vezes por meios inteiramente banais como andar, contemplar a natureza, sair de casa, agir, falar com os amigos, e tudo isso só com o que temos à disposição, com o que está à mão, coisas que nos fazem relembrar que existem recursos para enfrentar a ansiedade. É por isso que as angústias que nos afligem no meio da noite são as mais violentas: estamos sozinhos e não podemos desviar a atenção por meio da ação ou de uma distração.

O paradoxo é que as pessoas ansiosas não se saem tão mal assim quando têm de enfrentar as verdadeiras dificuldades, mas só de imaginar, prever, esperar, planejar o que pode acontecer, elas esgotam-se. Isso ocorre porque o cérebro ansioso trata a virtualidade como realidade, com toda a seriedade e energia.

Uma coisa que pode ajudar é aceitar que o medo tem seu lugar, mas não deixar que ele tome conta do lugar *todo*. E convidar a mente a fazer também todo o resto, como se pratica na meditação da atenção plena. Meditar não é apenas refletir de olhos fechados, mas envolver o corpo inteiro nisso. Quando alguém medita, presta atenção na própria respiração, reconecta-se com seu corpo, escuta os sons ao seu redor. Volta depois à realidade e essa realidade, pouco a pouco, o ajuda a sair da extrema ansiedade. Mesmo angustiado e perturbado, o corpo existe sempre no mundo real, jamais no virtual. Uma vez ancorada no real, no tangível, a pessoa pode observar melhor seus pensamentos, manter certo distanciamento deles e deixá-los passar, como acontece a cada expiração. E toda vez que perceber a mente fechar-se, retrair-se nos medos, ela deve recomeçar, colocar mais e mais atenção em tudo o que está ao redor, não apenas no medo.

Claro que existe uma infinidade de maneiras de enfrentar a ansiedade, mas o que as pessoas ansiosas devem compreender é que essas técnicas não podem ser usadas no meio da tempestade: não é quando o avião está prestes a cair que vamos aprender a usar o paraquedas. Se partirmos do princípio de que a condição humana implica viver regularmente momentos de ansiedade ou de desespero, uma espécie de treinamento existencial é necessário. No meu entender, trata-se de uma bagagem psicológica imprescindível. Sem ela, corremos o risco de ser devastados pelas crises de angústia quando se abatem sobre nós, ou de ficar dependentes dos tranquilizantes, da bebida, dos outros, para nos acalmar. ***Christophe***

VER TAMBÉM *ANGÚSTIAS, MEDO.*

TRÊS CONSELHOS DE CHRISTOPHE
PARA ENFRENTAR A ANSIEDADE

- Sempre que possível, desobedecer à ansiedade: ela diz para recuar? Vamos em frente para ver o que acontece! Ela não deixa a gente pensar em mais nada além dela? Vamos ampliar nosso campo de atenção a fim de pensar em todo o resto (na respiração, no corpo, no mundo ao redor)!

- Se for muito difícil agir assim com nossas grandes inquietações, vamos procurar fazer isso com as menores, mais acessíveis aos nossos esforços. E treinamos repetidamente com o intuito de enfrentá-las, pois uma vez só não basta. Os mecanismos de libertação são os mesmos, não importam quais sejam os medos. Os esforços para nos livrar dos pequenos medos são os mesmos que vão servir para nos libertar dos grandes.
- Além disso, não nos esquecer da psicoterapia: é no tratamento de nossas angústias que ela assegura os melhores resultados, principalmente graças às terapias comportamentais cognitivas, às terapias de aceitação e compromisso e às terapias baseadas na atenção plena.

Ascese

Em *O cuidado de si mesmo*, Michel Foucault refere-se a Sêneca para ressaltar a necessidade de uma ascese, um trabalho consigo mesmo: "Aqueles que querem se salvar devem viver se cuidando sem cessar". Pois o homem não sai do ventre de sua mãe totalmente pronto. Na tradição antiga, múltiplos verbos designam os exercícios espirituais: "tornar-se vazio por si mesmo", "se fazer por si mesmo", "transformar a si mesmo", "retornar a si". Se existe um olhar narcísico que nos faz mergulhar numa vã introspecção, sem dúvida existe também um meio de nos livrar das paixões tristes, de rejeitar o modo piloto automático. Adoro a ideia de alguém tornar-se vazio para si mesmo, de livrar-se do supérfluo, do excesso, e aceitar a vida tal qual é. Mas, definitivamente, nada é decidido de antemão! Nesse terreno, como alcançar o justo equilíbrio entre um endurecimento feroz do esforço e o laxismo, a completa renúncia?

Seguir os ensinamentos de Chogyam Trungpa nesse caos, já é uma tentativa de agir como o mecânico de automóveis e deixar de acusar-se, de culpar-se e assim cuidar dos seres ao redor. Sim, mesmo a mais sincera intenção altruísta pode hesitar diante do medo, dos fantasmas, da carência. E a melhor boa vontade do mundo talvez não seja suficiente para dissolver o egocentrismo, enfraquecer o narcisismo. Sem dúvida, praticar uma ascese alegre já é reparar os danos e, como faz um bom funileiro com as capotas amassadas, contemplar sem receio as dores da alma e do coração. ***Alexandre***

Aspirações

O que conta de verdade na existência? O que cada um identifica, bem no fundo de si mesmo, como essencial? Deve existir em nosso interior alguma coisa que nos anima, uma direção que se impõe e dá sentido para cada um de nossos passos. Viver não é se contentar em vagar ao sabor dos encontros e das circunstâncias, em fazer bricolagem como der no dia a dia. É claro que o principal objetivo de todo ser senciente é continuar vivo. Existem momentos e lugares do mundo em que isso é mesmo uma prioridade absoluta, porque as pessoas confrontam-se com a guerra, a fome, as epidemias, as catástrofes. Mas, quando não nos sentimos ameaçados de imediato, embora a impermanência esteja sempre em ação e ninguém jamais saiba o que vai acontecer no dia seguinte, devemos dizer a nós mesmos que não vamos simplesmente "matar o tempo", nem passar o tempo desperdiçando a vida. Não significa que seja preciso decidir logo de manhã cedo, ao despertar, que vamos mudar o mundo, mas sim que é essencial dar uma continuidade, uma direção para tudo o que mais desejamos realizar na vida. Muita gente não gosta da ideia de uma "construção perpétua de si". No entanto, a cada mês, a cada ano que passa, é possível ser alguém melhor, mais altruísta e mais esclarecido. Não se pode decidir, sem mais nem menos, ser 100% altruísta e colocar-se a serviço dos outros, mas existe uma considerável margem de manobra para progredir na direção de uma maneira de ser ideal.

Eu, pessoalmente, sempre me perguntei: "Ser feliz significa o quê? Acumular prazeres? Encontrar uma satisfação mais profunda? Compreender como minha própria mente funciona? Aprender a ser melhor com os outros?". É importante fazer-se essa pergunta regularmente e, vinte anos depois, ao olhar para trás, ter o mesmo sentimento do camponês que fez o melhor que pôde para cultivar bem sua terra. E mesmo que as coisas nem sempre aconteçam como esperamos, deveríamos poder dizer: "Não tenho arrependimento, pois fiz o melhor que pude, no limite das minhas capacidades". ***Matthieu***

Autocompaixão

Muita gente fica desconfiada com antecedência diante da noção de autocompaixão: "Que negócio é esse que vai deixar todo mundo ainda mais egocêntrico?". Mas depois que essa reação passa, descobrem que na autocompaixão existem de fato várias dimensões, entre elas a ternura, o autorrespeito, a benevolência consigo mesmo.

Dizemos sempre a nossos pacientes: "Trate a si mesmo como trata seu melhor amigo". Quando um amigo vivencia um fracasso, você não lhe diz: "Você é um zero à esquerda!", mas sim: "Vamos ver o que aconteceu...". Não é incomum encontrar pessoas terrivelmente violentas consigo mesmas. Outra dimensão importantíssima da autocompaixão é a consciência de que o sofrimento faz parte da experiência humana, de que, quando sofremos, estamos ao lado de uma porção de gente que também sofre. A ideia não é dizer "existem sofrimentos piores do que os seus", nem "você não é o único que sofre", muito menos tentar impedir que o sofrimento exista. O objetivo é compreender que, no fim, esse sofrimento é uma experiência humana universal e que, de fato, quando sofro, não sou nem o único, nem sou anormal, não estou isolado, nem sou um fracasso; simplesmente sou parte integrante de uma mesma humanidade. ***Christophe***

B

Benevolência

Existem vários tipos de benevolência: a benevolência natural, que manifestamos com quem amamos e com quem conhecemos. Nossos esforços consistem exatamente em mantê-la viva, mesmo nos dias de fadiga e de mau humor, o que aliás nos permite constatar que se mostrar tranquilamente benevolente faz bem e quase sempre levanta o moral. Isso porque ela nos faz deixar de ser o foco da nossa atenção e, em geral, nos proporciona momentos agradáveis e emoções positivas.

Depois vem a benevolência que manifestamos com os desconhecidos com quem cruzamos e que jamais voltaremos a ver, o que implica ter um pequeno software cerebral de benevolência já ligado; daí o interesse nos pequenos exercícios matinais de meditação sobre esse tema.

Um pouco mais difícil, sem dúvida, é manifestar a benevolência com gente diferente de nós, em razão de seu comportamento, de sua filosofia de vida, de sua cultura. Recordo-me de uma discussão que tive com um paciente: ele me contou que tinha a tendência de dar esmolas só a pessoas que "faziam" alguma coisa – por exemplo, aos músicos que tocavam nas galerias dos metrôs – mas que não dava nada para aquelas e aqueles que passavam pedindo um pouco de dinheiro. E quanto mais agressivos fossem, menos ele dava. Parece lógico dar esmolas apenas a quem "merece". Mas essa reação (que às vezes observo em mim mesmo) é de fato meio absurda; ela supre as nossas necessidades (recompensar o que nos parece "certo"), mas não supre as necessidades do outro (sobreviver). A benevolência não tem nada que ver com aprovação; de qualquer maneira, não deve limitar-se às pessoas que obedecem à mesma lógica que nós.

Há igualmente uma noção que me interessa – é a de um "dever" de benevolência. Fala-se muito, por exemplo, de "dever de ingerência", mas no caso dos seres humanos não existe certo dever de benevolência ligado a toda forma de vida social? Já há alguns anos vemos surgir publicações sobre indivíduos chamados de *toxic handlers*, o que em português se poderia traduzir por "benfeitores". Essas observações referem-se com frequência a funcionários assalariados de uma empresa que regularmente se mostram benevolentes com seus colegas, que procuram aqueles e aquelas que têm dificuldades no emprego e minoram seus sofrimentos no ambiente de trabalho, embora possam existir benfeitores em todos os grupos humanos. De maneira natural, essas pessoas reconfortam, ajudam e todo dia distribuem a benevolência ao seu redor, em pequenas doses, de maneira discreta, sem se pôr à frente de nada, quase sempre sem nem mesmo falar do assunto, já que isso faz parte de sua maneira de ser. Coisas implícitas na "banalidade do bem", à qual Matthieu sempre se refere. Esse tipo de gente costuma ser invisível; jamais são reconhecidos pelo papel que desempenham como distribuidores de benevolência.

Quando se olha ao redor, constata-se que existem muitos benfeitores e que, se eles desaparecessem, os grupos dos quais "cuidam" se desmantelariam. É o que acontece quando em uma família um benfeitor morre: de uma hora para outra a coesão rompe-se e todo mundo começa a brigar. A morte de meu avô, a quem eu era muito ligado, e que me transmitiu muitos de seus valores, provocou em nossa família uma espécie de catástrofe ecológica no plano relacional e emocional: não demorou muito para que muitos conflitos aparecessem e nunca mais cessassem... Coisa semelhante aconteceu num serviço hospitalar em que trabalhei no passado: uma enfermeira da recepção aposentou-se e sua ausência foi nitidamente sentida no ambiente de trabalho, pois era uma grande doadora de benevolência. Era o tipo de pessoa que, toda vez que alguém lhe contava uma queixa, tentava conciliar as coisas, em vez de pôr mais lenha na fogueira.

Existem, enfim, circunstâncias nas quais agir com benevolência fica muito difícil: diante de pessoas agressivas, manipuladoras, que parecem agir de modo consciente e deliberado. É preciso então trabalhar duro para não sermos, nós mesmos, hostis e agir com uma benevolência prudente, sem ingenuidade, que em geral vai amenizar muitas dessas situações. ***Christophe***

TRÊS CONSELHOS DE CHRISTOPHE
PARA CULTIVAR A BENEVOLÊNCIA

- A benevolência é como esses pequenos tufos de mato que conseguem brotar nas fendas das calçadas de cimento: mesmo que tenhamos a impressão de que ali não existe espaço, são eles que acabam sempre ganhando e trazendo calma à atmosfera.
- É precioso dissociar a benevolência dos julgamentos de valor. Todos os seres humanos a merecem. Ela não é uma recompensa, mas sim um reconhecimento de sua humanidade. Sejamos tão benevolentes quanto possível, mesmo com aqueles diferentes de nós, mesmo com quem julgamos malvados. A benevolência só pode avivar, ou reavivar, a humanidade deles (e o sentimento de culpa deles).
- Do melhor modo possível, vamos salpicar nossos dias e nossos encontros com olhares, gestos e palavras de benevolência. Quando as árvores produzem oxigênio, quando os homens produzem benevolência, a Terra e a Humanidade comportam-se melhor.

Benevolência incondicional

A benevolência incondicional consiste em não excluir ninguém do nosso coração. O círculo de nossa benevolência começa a ampliar-se e seus limites acabam dissolvendo-se no espaço que contém todos os seres. É claro que não podemos fazer o bem para todos os seres humanos que habitam a superfície do planeta, incluindo os outros oito milhões de espécies animais; a ideia é fantástica, mas ultrapassa nossa capacidade. Em contrapartida, todo ser presente no nosso campo de atenção pode tornar-se objeto dessa benevolência.

Alguns filósofos com quem conversei, em especial Jonathan Haidt, acreditam que se trate de uma posição angelical, irrealista e irrealizável. Para Haidt, a benevolência só deve ser usada com as pessoas próximas e não tem sentido querer incluir a totalidade dos seres. Mas, ao estender nossa benevolência a todos, não amamos menos os próximos; nós os amamos melhor, já que essa atitude é de melhor qualidade. Se o Sol, em vez de brilhar com toda a sua intensidade sobre todos, por acaso decidisse brilhar apenas sobre alguns indivíduos, os raios remanescentes não iluminariam e não aqueceriam muito bem o resto dos indivíduos em questão. Aquele que só ama uma pequena parte dos seres vivos, só dispõe de uma benevolência parcial e restrita. Além do mais, quando as circunstâncias da vida colocam alguns seres mais perto do sol de nossa benevolência, como se se aproximassem fisicamente do nosso astro, estes naturalmente recebem mais calor e luz. Mas isso jamais se faz à custa de uma exclusão. A benevolência exclui a parcialidade, o sectarismo, o dogmatismo, a discriminação e outros males de nossa sociedade. Em suma, a benevolência incondicional não tem nada de irrealista. Basta desejá-la do fundo do coração: "Que todos os seres, sem exceção, possam encontrar a felicidade e libertar-se do sofrimento". ***Matthieu***

CONSELHOS DE MATTHIEU
PARA UMA BENEVOLÊNCIA INCONDICIONAL

- Vamos nos esforçar para ampliar incessantemente o círculo de nossa benevolência a fim de incluir nele o maior número possível de seres.
- Vamos desejar que chegue o dia em que ninguém seja excluído do nosso coração.
- Vamos nos conscientizar de que a benevolência incondicional não está fora de alcance: todos os seres desejam evitar o sofrimento e alcançar a felicidade. Basta desejar que suas aspirações se realizem para que a benevolência se estenda à totalidade dos seres.
- Simultaneamente, vamos usar cada vez mais essa benevolência por meio de nossas palavras e ações.

Biofilia

Segundo o biólogo Edward O. Wilson, biofilia (literalmente "amor pela vida") designa a "inclinação instintiva dos seres humanos para amar e proteger a natureza". A grande maioria sente isso de forma espontânea, quase sempre inconsciente; os lugares naturais nos atraem, nos acalmam, nos alegram. Lugares assim são propícios para uma boa saúde física e mental. O espetáculo da natureza também é uma fonte de maravilhamento que gera um sentimento de plenitude, diferente de inúmeros prazeres e sensações comuns que se esvaem e esmaecem à medida que deles desfrutamos. Por isso, a biofilia constitui uma sabedoria inata que nos faz respeitar nosso ambiente natural.

Essa afinidade com a natureza, profundamente integrada em nossa constituição biológica, é objeto de pesquisas muito interessantes: quando se apresentam a diferentes pessoas fotografias de paisagens variadas, as mais apreciadas são as que representam a vastidão das paisagens das savanas, repletas de pequenos bosques mais elevados e de superfícies de água. É surpreendente constatar que essa preferência é uma constante transcultural, pois se verifica não importa qual seja a origem geográfica dos entrevistados, inclusive entre os esquimós, que jamais haviam visto essas paisagens! Não resta dúvida de que essa reação se explica pelo fato de que para nossos ancestrais, originários das sub-regiões saarianas, os lugares ligeiramente mais elevados, com uma visão nítida e algumas árvores onde se abrigar, oferecem um ângulo ideal para vigiar a caça, da qual se alimentavam, e os predadores que temiam. O aspecto verdejante evoca abundância, e as reservas de água, as condições favoráveis à sobrevivência. A contemplação dessas paisagens gera na maioria de nós um sentimento de paz, segurança, contentamento.

Sabe-se também que intensificar o contato com a natureza tem um impacto importante no desenvolvimento cognitivo e afetivo da criança. Observar a natureza de perto, constatar o jogo de interdependência da biosfera, compreender como plantas e animais conseguem sobreviver, associar-se, cooperar ou entrar em competição, resolver desafios geralmente complexos, constituem preciosas aprendizagens que ajudam a encontrar solução para inúmeros problemas com os quais nos deparamos na existência. Na Califórnia, uma pesquisa revelou que os alunos que se beneficiam de aulas ao ar livre apresentam melhores resultados escolares, além de uma competência maior em termos de resolução de problemas, de pensamento crítico e de tomada de decisões. O tempo passado num ambiente natural estimula a criatividade das crianças. Uma criança sem contato com a natureza também fica privada de seus benefícios.

Diversos estudos preocupantes demonstram que o fato de crescer em uma cidade duplica a probabilidade de uma criança desenvolver esquizofrenia na idade adulta e aumenta o risco de ocorrência de outros problemas mentais, particularmente a depressão e a ansiedade crônica. No caso das crianças, em certas áreas cerebrais a densidade da massa cinzenta também fica reduzida.

Nos adultos, a exposição à natureza reduz as ruminações e diminui o foco negativo sobre si mesmo, considerados como sinais precursores de diversas doenças mentais, principalmente a depressão. Essas pesquisas parecem indicar de maneira clara que a presença de espaços verdes favorece a saúde mental. Por isso, é importante renovar o contato com os ambientes naturais, ampliar e preservar espaços verdes nas cidades e conceber uma arquitetura mais próxima da escala humana. E, mais do que nunca, é importante questionar nossas escolhas de vida. ***Matthieu***

VER TAMBÉM *MARAVILHAMENTO, NATUREZA*.

Bondade

Ser bom é a única maneira de ser verdadeiro. A bondade está em harmonia com nosso estado interior profundo, livre da confusão e das toxinas mentais, como a malevolência, a arrogância e a inveja. Em contraste, a malevolência tende a nos afastar da nossa própria adequação e a deformar as percepções que temos dos outros. ***Matthieu***

Buda

O Buda não é nem um deus, nem um profeta, nem um santo, mas um ser iluminado. Seu ensinamento, o *Dharma*, é um manual, um mapa para cada um alcançar a Iluminação por si mesmo. "Eu mostrei o caminho, mas cabe a vocês percorrê-lo", disse o Buda. Seu ensinamento visa identificar as causas do sofrimento e remediá-las. Não se trata apenas dos sofrimentos evidentes, que todo mundo conhece, mas principalmente do sofrimento da mudança, ligado à impermanência de todas as coisas, e do sofrimento latente, que permanece onipresente durante todo o tempo que precisarmos para erradicar suas causas: a animosidade, o desejo compulsivo, a falta de discernimento, o orgulho e a inveja.

Entre as causas importantes, a principal causa dos sofrimentos é nossa ignorância da verdadeira natureza de todas as coisas: quase sempre nos deixamos levar pelas distorções da realidade considerando permanente – ou seja, intrinsecamente existente e autônomo – aquilo que é impermanente – isto é, desprovido de existência própria e interdependente.

O budismo distingue igualmente a verdade última, ou absoluta, da verdade relativa, ou convencional. A verdade última é a união não dual, que vai além do intelecto, do sujeito e do objeto, dos fenômenos e da vacuidade, da sabedoria e da compaixão. A verdade relativa é a verdade do mundo fenomenal, regida pela lei inelutável de causa e efeito.

O budismo se oferece a todos os que se interessam por ele, mas não faz proselitismo. Afinal, foi o próprio Buda quem disse: "Não aceitem meus ensinamentos simplesmente por respeito a mim, mas examinem todos eles com cuidado, do mesmo modo que se verifica a pureza do ouro martelando-o, esfregando-o numa pedra ou derretendo-o". ***Matthieu***

C

Caminhada

Caminhar em um ambiente natural é mais benéfico do que caminhar na cidade, mesmo que o esforço físico dispendido seja o mesmo. Por quê? Porque na natureza não existem painéis publicitários, agressões sonoras, nem interrupções incessantes da atenção. A mente pode viver sua vida tranquila, livre para refletir, vagabundear, imaginar. Num ambiente urbano, ou artificial, existem dispositivos concebidos de propósito para captar a atenção. Seja para nos proteger (sinais sonoros e luminosos das faixas de pedestres, buzinas de automóveis), seja para nos enganar (publicidades cada vez mais onipresentes e intrusivas). Não habitamos mais a interioridade, mas a reatividade; não é mais possível desenvolver ou aprofundar nossos pensamentos e emoções, pois nossa atenção é continuamente distraída. Não vivemos mais na liberdade, mas na servidão: adquirimos o hábito de prestar atenção no que é mostrado, em vez de escolher o que queremos observar. A sabedoria precisa de interioridade e de liberdade. Talvez por isso seja mais fácil cultivá-la na calma da natureza do que no tumulto das cidades. ***Christophe***

VER TAMBÉM *BIOFILIA*.

Caos

Em *Assim falou Zaratustra*, Nietzsche escreveu que é preciso ter o caos dentro de si para dar à luz uma estrela que dança. O mínimo que posso dizer é que, ao tocar o caos, tenho a impressão de ser totalmente invadido por ele: meu problema técnico de base é viver em um mundo mental completamente dominado pela ansiedade, e o recente episódio de ter me envolvido com um rapaz, até cair em uma intensa dependência, me deixou bastante abalado. De maneira paradoxal, essa última peripécia me deu muito mais coisas a pensar do que as dificuldades inerentes à deficiência física com a qual convivo: vergonha, medo da rejeição, acrasia, tudo concorria para lotar um barco furado que já se enchia de água por toda parte. Daí surge uma questão crucial: no meio do tumulto, o que impede as coisas de fluírem livremente? No meio desse turbilhão, onde encontrar a força para continuar e, paradoxalmente, soltar-se, largar tudo, seguir em frente e manter o rumo, mesmo depois de ter abandonado tudo?

Em primeiro lugar, quando o que eu mais temia no mundo era a rejeição, os julgamentos, os dedos em riste, algumas mãos jamais soltaram as minhas. Minha esposa, meus filhos e os amigos do bem foram testemunhas da bondade da vida, inclusive enquanto eu estava perdido no fundo do abismo. É no meio do caos, dos tormentos, que chega a hora de frequentar a escola da sabedoria, de construir a liberdade e receber milímetro por milímetro as colheitas que vêm para quem avança no caminho. Que triste mal-entendido faz crer que trabalhar pela pacificação interior implica irremediavelmente perder toda a sensibilidade, tornar-se um fracote, uma alma já morta presa numa masmorra.

Como relembra Chogyam Trungpa, muitos dos nossos tormentos e sofrimentos provêm da incapacidade de largar o controle, da recusa de ver o mundo como ele é, e do pacote de neuroses que se reciclam a cada instante. Precisamos sempre de referências, da esperança de sair do caos, de pisar em solo firme. Mas, no fim das contas, é no dia a dia, usando os meios de que dispomos, quando tudo estremece ao redor, que precisamos aprender a dançar, a viver a experiência de que, no fundo, a vida sempre vence. ***Alexandre***

VER TAMBÉM *CONTROLE*.

TRÊS CONSELHOS DE ALEXANDRE
PARA APRENDER A DANÇAR NO MEIO DO CAOS

- Fazer uma pausa: quem se acostumou a lutar e a pelejar contra a adversidade, pode achar difícil desfrutar o céu azul, ir à praia, descontrair-se e ficar de papo para o ar. O que significa repouso para mim? Uma espécie de morte? Uma vida de zumbi? O que me regenera, me recarrega, me recria em um nível bem mais profundo?
- Encontrar o prazer intrínseco na ascese: os filósofos antigos comparavam o aspirante espiritual a um atleta, a um esportista. Imaginem o esforço que representa a corrida para o maratonista que não gosta de provas de velocidade. Não existe uma alegria simples em escovar os dentes, em meditar, em levantar-se pela manhã, até mesmo em batalhar contra uma adicção?
- O medidor de tensão: um amigo meu às vezes me faz relembrar que eu poderia atravessar a vida sem essa sobreposição de angústias, de ruminações, sem essa agitação perpétua que em nada mudam as circunstâncias que me convidam a avançar. Desde então, em caso de pânico, meu exercício é tentar recorrer à bússola interior. Uma espécie de medidor de tensão interno que indica quando o esforço se torna excessivo e não me deixa cair na armadilha. Ferramenta salutar para não me esgotar no caminho e viajar um pouco mais leve.

Chogyam Trungpa

Que filósofo resistiria à prova da janela? Afinal de contas, será que os pensadores, os sábios nos ajudam verdadeiramente a viver, a atravessar os problemas diários? Certa noite, quando as preocupações do meu coração me atormentavam mais do que de costume, tive o especial cuidado de colocar sobre o parapeito da janela o grosso volume de uma antologia dedicada a Chogyam Trungpa. Eu achava que, se num desvario qualquer eu tivesse a ideia de acabar com minha vida, esse mestre genial, esse excepcional terapeuta, que ensina a se curar da ideia de se curar, se interporia entre o desespero, o vazio e o fim. Na opinião de certas pessoas, ele seria um excêntrico, para não dizer louco, porque algumas vezes suas práticas parecem irreverentes e pouco convencionais. De qualquer modo, foi graças a ele, entre outros, que o budismo conseguiu abrir seu caminho na civilização ocidental. Nascido no Tibete em 1940, Chogyam Trungpa critica o que designa "materialismo espiritual" – tentação de usar a busca espiritual para engrandecer o ego, para se proteger e viver numa boa. Alegremente ele nos mostra a via para uma "saúde fundamental", aquela que no fundo nos precede. Não somos nem pecadores, nem lunáticos, nem desequilibrados. Somos todos habitados por uma plenitude: a natureza de Buda.

A passos largos, na companhia desse maravilhoso guia, podemos nos livrar das ilusões, eliminar as expectativas, acabar com qualquer ilusão de segurança. Em seu ensaio *The Heart of the Buddha* [O coração do Buda], esse amigo excepcional oferece uma ferramenta das mais libertadoras: "Neste estágio, falta de esperança não é sinônimo de desespero; falta de esperança significa apenas que a gente não se preocupa em fabricar outras expectativas".

A cada instante *eu* morro, *eu* renasço. Não existe ego fixo. Quanta energia desperdiçada para intensificar o mito de um *eu* substancial, imutável, inoxidável! Iniciar-se pouco a pouco na prática do não medo é descobrir que existem dois tipos de confiança. Uma delas consiste em acreditar que em qualquer lugar nos espera um colete salva-vidas, uma boia sempre pronta para nos salvar; a outra, bem mais profunda, revela-se quando descobrimos que já estamos flutuando, que não precisamos de nenhum equipamento para navegar no vasto oceano da vida.

Graças ao Matthieu, tive a felicidade de me encontrar com os discípulos de Chogyam Trungpa. Pedi a um deles que resumisse em poucas palavras o caminho proposto por Vidyadhara, outro nome de Trungpa. A resposta foi clara, eficaz e direta: "Não tenha medo de si mesmo", "Considere os outros sempre em primeiro lugar". Isso não é masoquismo. É exatamente o oposto. É escapar da tirania do ego para nos transformar em felizes mecânicos da vida, bodisatvas libertos da escravidão do egoísmo. ***Alexandre***

VER TAMBÉM *MENTE E PRETENSA SERIEDADE, MECÂNICO ESPIRITUAL, SOCIEDADE DESPERTA.*

Coerência

Como viver de acordo com as próprias aspirações? É cabível dizer uma coisa e fazer outra, como se as exigências se aplicassem apenas aos outros e não a si mesmo? Será que aqueles que defendem certos valores publicamente, seguem tudo o que professam em voz alta na intimidade de seus corações e de suas ações? Sempre ficamos incomodados quando constatamos discrepâncias entre o que certas pessoas dizem e seu comportamento na vida privada. Quando vemos um deputado vilipendiar a fraude fiscal, encorajar a retidão administrativa e não pagar seus próprios impostos, estamos evidentemente diante de uma completa incoerência. Não se trata aqui de uma caça às bruxas, nem de exigir que todas as personalidades públicas sejam perfeitas. Mas que pelo menos a palavra e a atitude exterior sejam coerentes com o comportamento privado. E, se não forem, que a pessoa então confesse a própria imperfeição e pare de dar lições aos outros e, em ambos os casos, que inicie um trabalho consigo mesma!

Por que em nossa opinião a coerência tem tanto valor? A primeira pista de reflexão que me vem à mente é a diferença que existe entre um mestre espiritual e um professor: um professor pode ensinar um bom número de conhecimentos e mesmo assim ser alguém bem distante da perfeição; já, de um mestre espiritual, espera-se que suas palavras e seu comportamento sejam exemplares. Acredito ser possível falar de coerência quando existe um equilíbrio entre diferentes elementos de uma mesma entidade: a coerência de um raciocínio, a coerência de alguém, a coerência de uma atitude existencial.

A fidelidade é outra forma de constância em relação às próprias ações. Trata-se de resistir a todas as tentações, a todas as facilidades, a todas as fraquezas, a todas as concessões que podem nos afastar de nossos ideais. Um pouco como os aparelhos *hi-fi*, que reproduzem um som de alta fidelidade, digo a mim mesmo que todos gostaríamos de ser "seres humanos de alta fidelidade", seres humanos capazes de viver a vida de acordo com os próprios ideais. Claro que não se trata apenas de uma questão de coerência ou de fidelidade aos ideais, mas também de uma escolha de bons ideais.

Entrevejo outro problema nesse assunto. Tenho amigos bastante coerentes em relação aos seus valores, cujo engajamento político, confessional, entre outros, respeito plenamente, mas que são intransigentes e às vezes defendem suas convicções de maneira violenta. E percebo que, a fim de manter essa coerência, eles ficam misteriosamente paralisados, fechados, enrijecidos em sua posição. Até que ponto a fidelidade aos próprios valores pode ser uma luz que guia para o melhor, e em que momento impede a pessoa de mudar e de se abrir? Por isso, é preciso escolher bem as próprias causas e não cometer equívocos com os assuntos em que decidimos nos envolver.

Quanto aos trabalhos práticos de coerência que cada um pode se propor, tenho em mim um vasto terreno de exercício quando se trata de convites; sou frequentemente convidado a uma conferência, um jantar, uma festa e, para mim, seria um prazer poder agradar a todos, mas no fundo não tenho vontade de dizer sim, ou porque estou cansado, ou porque isso não está no topo das minhas prioridades existenciais. Ser fiel aos meus valores não é fazer mal aos que me convidam, mas também é não fazer mal a mim mesmo. Como responder a esses convites? Mentir é a solução mais simples e com frequência recorro à mentira: "Ah, sinto muito, já tenho compromisso". Mas cada vez mais respondo: "Sinto muito, preciso descansar", ou "Se eu tivesse mais tempo, seria um enorme prazer, mas agora não posso mesmo" etc. E quando respondo por escrito em geral formulo as coisas assim: "Desejo ser coerente com meus livros. Encorajo todo mundo a se cuidar, a se respeitar, a ouvir a si mesmo. Preciso fazer a mesma coisa, por isso, não posso aceitar seu convite. Aprecio muito vocês, é muito simpático da sua parte, é uma bela causa, mas não posso aceitar". E muitas vezes, nos dias em que estou de fato em forma, baseio-me no modelo de Jules Renard, que escreveu em seu diário: "O homem verdadeiramente livre é aquele que pode recusar um convite a um jantar sem usar nenhum pretexto". Por isso, respondo simplesmente, sem me justificar: "Muito obrigado pelo seu convite, mas para mim é impossível". ***Christophe***

TRÊS CONSELHOS DE CHRISTOPHE
PARA VIVER A COERÊNCIA

- Vamos nos esforçar para ser humanos de "alta fidelidade" e conciliar da melhor maneira possível nossos comportamentos cotidianos com nossos ideais. Não se trata de ser sempre perfeito, mas de sempre fazer esforços para se aproximar desses ideais.
- Um exemplo importante de prática que tento aplicar: fazer de tudo para não falar mal de ninguém e, se mesmo assim o fizer, esforçar-me para dizer apenas o que diria na cara deles.
- Os ideais e a preocupação com a coerência não devem transformar-se em autotirania: a exigência deve vir acompanhada de benevolência consigo mesmo, de tolerância com os próprios erros e imperfeições. Vamos nos apresentar exatamente como pessoas que fazem esforços para progredir e não como modelos que já alcançaram seus objetivos.

Compaixão

A compaixão é a forma que o altruísmo assume quando se confronta com o sofrimento do outro. O budismo define a compaixão especificamente como "o desejo de que todos os seres sejam libertados do sofrimento e de suas causas". Queremos tratar as causas, assim como um médico deseja acabar com uma epidemia. Isso implica, entre outros meios, reparar as desigualdades no mundo, permitir aos jovens o acesso a uma educação de melhor qualidade, melhorar a condição das mulheres, e assim por diante, para que desapareça o terreno social no qual os movimentos extremistas se enraízam. Quando o ódio já incendiou a mente de alguém, a compaixão consiste em adotar com ele a atitude do médico diante de um louco furioso. Primeiro de tudo é preciso impedi-lo de prejudicar quem quer que seja. Mas, assim como o médico que combate o mal que atormenta a mente do louco sem usar um porrete e reduzir seu cérebro a um purê, precisamos também visualizar todos os meios possíveis para resolver o problema sem cair na violência e no ódio. Se reagirmos ao ódio com ódio, o problema jamais terá fim. Tenzin Chodrak, um dos médicos do Dalai Lama, passou 25 anos nos campos de trabalhos forçados chineses. Ele não nutria nenhuma simpatia por seus torturadores, mas conseguiu não ceder ao ódio. Depois das sessões de tortura, quase sempre conseguia recuperar sua compaixão. Dizia a si mesmo que aqueles torturadores tinham sofrido uma lavagem cerebral e mereciam muito mais sua compaixão do que seu ódio. Foi o que o salvou. Mais do que tudo, ele temia perder o sentimento de compaixão que dava sentido à sua existência.

No budismo, existe uma prática que à primeira vista parece paradoxal, mas que é muito poderosa. Começamos adquirindo a consciência de que, quando sofremos, não somos os únicos a sofrer. Existem pessoas que sofrem até mesmo bem mais do que nós. Dizemos a nós mesmos: "Em lugar de me revoltar, por que não abraçar também o sofrimento dos outros com amor e compaixão?". Quase sempre temos a tendência de achar que já temos problemas suficientes e que não precisamos aumentar ainda mais nosso fardo com o sofrimento dos outros. Entretanto, o que acontece é exatamente o contrário. Quando assumimos o sofrimento dos outros, depois o transformamos e o dissolvemos mentalmente pelo poder da compaixão, nossos tormentos não se intensificam, mas ficam mais leves. Como realizar essa prática? Começamos por sentir um profundo amor por alguém que sofre, primeiro por um ente querido; vamos oferecer a ele nossa felicidade e trazer para nós seu sofrimento com a ajuda do vai e vem da nossa respiração. No momento da expiração, junto com o ar que expulsamos, vamos enviar a ele nossa alegria, felicidade e todas as nossas qualidades sob a forma de um néctar branco refrescante e radioso. Mentalizamos então que, se sua vida estiver em perigo, ela será prolongada; se ele for pobre, vai obter tudo o que lhe falta; se estiver doente, vai recuperar a saúde; se estiver infeliz, vai encontrar a felicidade e o bem-estar. Depois, gradualmente estendemos essa prática a todos os seres que sofrem. Na hora de inspirar outra vez, vamos imaginar que absorvemos todos os males físicos e mentais desses seres, inclusive suas emoções negativas, sob a forma de uma nuvem escura. Essa nuvem nos penetra pelas narinas e, sem deixar vestígios, dissolve-se no coração, que visualizamos como uma massa de luz. Esse exercício pode ser praticado a qualquer momento, em sessões formais de meditação ou no decorrer de nossas atividades.

Não se trata de uma prática sacrificial, já que o sofrimento é transformado pela compaixão. Conheci um velho monge que cultivou essa prática até seu último suspiro. Algumas horas antes de sua morte ele escreveu uma carta a Khyentse Rinpoche, na qual dizia: "Morro alegremente trazendo para mim o sofrimento de todos os seres a fim de que assim sejam libertados; entrego a eles tudo o que tenho de bom em mim e todo o bem que consegui realizar em minha vida". ***Matthieu***

VER TAMBÉM ***ALTRUÍSMO, AUTOCOMPAIXÃO, BENEVOLÊNCIA INCONDICIONAL.***

Confiança

Dos 3 aos 20 anos, vivi a dor da separação e mais alguns traumas como esta lembrança: eu tinha 12 anos e saboreava tranquilamente um belo pedaço de bolo de chocolate quando algumas migalhas caíram em meu pulôver. Uma educadora que passava por ali gritou para mim: "Lugar de porco é no chiqueiro!". Depois de arrancar toda minha roupa, me arrastou pelos corredores até o banheiro, na frente de todo mundo. Naquele dia, algo rompeu-se dentro de mim. Difícil, depois um tratamento como esse não se considerar um peso, um sujo, um porco fedorento e outras coisas mais. Como diz o bom Matthieu, hoje sou convidado a entrar na escola da confiança. Ao que tudo indica, a confiança divide-se em três grandes modalidades que, claro, estão intimamente ligadas: primeiro a confiança em si, a autoestima, essa certeza, essa liberdade interior, esse sentimento profundo de que de algum modo estamos equipados, somos capazes de atravessar os altos e baixos do dia a dia, de alcançar a alegria, a paz, e também de amar.

Em seguida, a confiança no outro. Por que a frase de Jean-Paul Sartre "O inferno são os outros" seria forçosamente verdadeira, incontestável? Acreditar no outro, mas sem ingenuidade, talvez seja abrir-se para a experiência, para a descoberta: no fundo de cada um, ocultos sob as feridas, os traumas, os mecanismos de defesa, residem a compaixão, o amor, a própria natureza de Buda. Apesar de toda a aparente contradição, é preciso manter intacta a convicção de que o ser humano é fundamentalmente bom, generoso, altruísta. O patético espetáculo da maldade diária, da injustiça, da violência e de tantos equívocos dolorosos não deve gerar fatalmente a desconfiança, o pessimismo, o desespero. Muito pelo contrário; nada disso impede que nos engajemos de corpo e alma em prol de uma sociedade mais equitativa, mais solidária.

Enfim, a confiança na vida, no mundo: conservar sempre a alegria no coração, estar disponível para o presente e para o futuro, com todos seus imprevistos e incertezas, requer audácia, agilidade, muita flexibilidade e uma grande dose de liberdade para não privilegiar sistematicamente o pior dos cenários.

Em linhas gerais, a teoria eu conheço mais ou menos. Mas o difícil de fato é passar para a prática, mergulhar de cabeça. Sem um empurrãozinho da minha família e dos amigos, eu iria continuar com as minhas "viagens", com meus delírios repletos de medos herdados do passado, de reminiscências obstinadas de uma insegurança primordial. Nos instantes de pânico, como encontrar em si mesmo um meio de contradizer de modo gentil, mas firme, o pacote de preconceitos que vem obscurecer o real? Como desobedecer a essas vozes interiores que decididamente pintam tudo de negro? O ponto de partida, suponho, é ter confiança na própria falta de confiança, é seguir em frente, avançar com os recursos disponíveis, estar convencido de que nenhuma fragilidade impede o progresso. As coisas se complicam quando a incerteza parece insuportável, quando o ego exige algo sólido, permanente, quando ele exige garantias concretas de uma segurança que não existe. Essa busca inútil esgota e nunca deixa ninguém tranquilo. ***Alexandre***

Controle

Uma das grandes questões da vida espiritual é aceitar primeiro que podemos perder o controle. O livro de Eclesiastes me dá uma boa mão quando ensina que é no caos, na desesperança, que *devo* descobrir a paz. Gosto muito dessa passagem da Bíblia que martela no célebre refrão: "Vaidade das vaidades, tudo é vaidade, é correr atrás do vento". Essa leitura me cura de uma porção de ilusões e acaba com minha tentação de acreditar que controlo o curso da minha vida. Cedo ou tarde tudo acabará, tudo é impermanente.

Sinto uma espécie de libertação ao constatar que tudo é frágil. Por fim posso renunciar alegremente à estabilidade, à solidez, e aprender a nadar na impermanência. Se eu procurar a qualquer

custo uma terra firme onde me instalar para sempre, decerto ficarei decepcionado. A Primeira Nobre Verdade do Buda relembra que tudo é sofrimento e impermanência. Não sou tibetólogo nem especialista em sânscrito, mas, como ressalta Yongey Mingyur Rinpoche em seu livro *Alegre sabedoria: abraçando mudanças e encontrando liberdade*, o diagnóstico do Buda poderia ser enunciado assim: "tudo range". A experiência também demonstra que não importa o que façamos, mesmo que nossas disposições internas sejam as mais puras do mundo, há sempre algo que pode dar errado. Como costuma dizer o ator Bernard Campan: "A solução é deixar ranger alegremente". Praticar a meditação não é se afastar deste mundo, mas aprender a coabitar, a estar em paz no meio desse range-range.
Alexandre

Corpo

Como todo médico, tenho uma relação particular com o corpo, elemento central da nossa profissão. Meu primeiro ano na escola de medicina foi muito teórico: é claro que aprendíamos bioquímica, anatomia, mas não tínhamos contato com o "verdadeiro" corpo. Considero que só entrei realmente para a medicina quando comecei a usar a sala de dissecção no segundo ano: sobre uma mesa de zinco havia um cadáver, até então conservado em formol. Foi muito impressionante olhar aquele rosto e me exercitar sobre o corpo daquela pessoa que havia vivido, amado.

Éramos quatro estudantes para cada cadáver. Depois dos exames finais do primeiro ano, aquele momento foi uma segunda peneira impiedosa: alguns desmaiaram e foram procurar os cursos de direito, e esse foi um dos maiores motivos de minha aprovação para o segundo ano! Não deixa de ser de um grande paradoxo, mas nada faz refletir mais sobre a vida do que um cadáver. Acredito que foi em instantes assim que me tornei médico, sem compreender muito bem, mas tateando, manipulando, dissecando cadáveres: além das habilidades técnicas, aquilo tudo despertava em mim uma porção de reflexões sobre a vida e a morte.

Na medicina, o encontro com o corpo é quase sempre violento. Ainda me lembro do primeiro doente que fui encarregado de atender quando era residente no terceiro ano. Revejo o departamento em que fazia estágio, o sol brilhante de outono, o quarto, o rosto do paciente, um homem de uns 35 anos, fumante, de quem haviam acabado de amputar a perna, em razão da doença de Buerger, um tipo de artrite muito grave ligada ao tabaco. Descobri, então, que em nossas sociedades habitualmente mascaram-se todas essas realidades. Nas sociedades tradicionais, as crianças veem muito mais os corpos em sofrimento e os cadáveres. Mas os pequenos ocidentais são extremamente protegidos disso.

Na época em que eu era estudante, o organicismo triunfava: o corpo era considerado uma soma de órgãos em vaga interação. O princípio das "especialidades" (cardiologia, dermatologia, nefrologia) representava perfeitamente essa medicina de órgãos isolados, muito mais do que uma medicina de pessoas integrais. Essa abordagem permitiu grandes progressos, mas tem mostrado também seus limites. Hoje estamos repensando o corpo como uma entidade sutil, complexa e inteligente, na qual todos os órgãos se influenciam e dialogam entre si, possuem capacidades de autorreparação e algumas vezes de autocura, que é preciso respeitar.

Segundo um processo análogo, quando comecei na psiquiatria, ninguém tinha nenhum interesse no corpo: os pacientes eram quase sempre considerados como simples mentes que se deitavam no divã. A psicanálise dominante na época era uma disciplina intelectual baseada no conceito, na palavra. Mais tarde, ao trabalhar com as emoções do meu jeito – não nos haviam dito quase nada sobre o assunto na universidade – descobri que elas eram o ponto de união entre o corpo e a mente, e que, ao mesmo tempo, ambos estavam enraizados um no outro.

Hoje em dia, todos os que trabalham no campo da psicologia finalmente compreenderam que o corpo nunca foi apenas um instrumento, nem uma soma de órgãos que era preciso silenciar para não ser incomodado por ele, mas sim uma porta de entrada para a mente, uma entidade complexa, inteligente que precisa ser cuidada por meio de diversos enfoques como a meditação, a alimentação, o exercício físico etc.

No cuidado do corpo, é preciso encontrar um equilíbrio entre, de um lado, a negação e o menosprezo, e de outro, a obsessão pelo corpo. Nesse caso, como muitos jovens ocidentais, eu tinha um relativo menosprezo pelo meu corpo. Lembro-me de certa vez ter fraturado o perônio esquiando. Eu tinha tanto trabalho, que durante uma semana andei com a fratura, persuadindo a mim mesmo de que era apenas uma torção. Mas a dor era tanta que acabei indo consultar o radiologista, num departamento vizinho ao meu. Meu colega examinou as radiografias, admirou a magnífica fratura e depois, olhando para mim, perguntou como eu havia conseguido andar durante oito dias: "Você é residente em que departamento?". Respondi que estava na psiquiatria e percebi em seu rosto uma expressão ao mesmo tempo perplexa e aliviada: "Ah, é psiquiatra. Entendo...". Hoje, com a experiência da idade, tento prestar mais atenção e respeitar meu corpo para que não seja obrigado a ter muito trabalho com ele.
Christophe

CONSELHOS DE CHRISTOPHE
PARA ATENDER ÀS NECESSIDADES DO CORPO

- Vamos respeitar o corpo assim como respeitamos a natureza. Ele não nos pertence, não é exclusivamente nosso, pelo menos não mais do que a natureza. Somos locatários do planeta tanto quanto somos locatários do nosso corpo. Nosso corpo nos será tirado, e a natureza sobreviverá a nós quando não estivermos mais aqui. Adoro a frase de Nietzsche: "Tenho algo a dizer para aqueles que menosprezam o corpo. Não lhes peço para mudar de opinião, nem de doutrina, mas sim que se desfaçam de seu próprio corpo; isso os tornará mudos".

- Cuidar do próprio corpo não é viver obcecado por ele, com sua aparência, sua excelência, mas oferecer a ele, na dose justa, tudo o que ele precisar: repouso, calma, prazer, alimento, exercício físico. Procedendo assim e lhe garantindo paz, ele se sairá muito bem sozinho.

Cowboy

Mal acabara de chegar da Coreia, onde tinha passado três anos na tentativa de praticar meditação e me aprofundar nos Evangelhos, quando dei de cara com um estranho personagem que me provocou calafrios na espinha. Eu atravessava um período intensamente turbulento, que me deixava meio sensível e, por que não dizer, bastante fragilizado. Estava no banheiro de um restaurante de Lausanne, aliviando a bexiga, quando um cara entrou. Parecia uma daquelas cenas de *saloon* dos filmes de faroeste. O sujeito me olhou direto nos olhos e disse: "Você não é um cara viril, Jollien! Vivemos num mundo em guerra! Estamos todos fartos de gentileza, de benevolência, de Ursinhos Carinhosos!".

Na hora, não tive forças para responder à altura, de ser curto e grosso e lhe dizer, por exemplo, que a generosidade é tudo menos frágil, que, muito pelo contrário, ela vem de uma coragem sublime, que é uma dinamite bem capaz de fazer o egoísmo, a brutalidade e a sede de vingança explodir em sentimentos de ternura. Eu sonhava em poder responder à maneira de Tarantino: "E aí, cara? Está falando comigo? Que tal mudar de assunto?". Por que um comportamento tão belicoso quando se trata de promover o não egoísmo, a dádiva de si e a cessação de qualquer tipo de combate?

Hoje em dia, rebelar-se não implica exatamente estar do lado do altruísmo, da ternura, da generosidade? Será que precisamos nos tornar duros só porque o mundo é duro? O que responder aos espíritos de porco, aos xerifes convictos, aos cowboys que exaltam o machismo, o poder? Por que diabos associar a não luta à frouxidão? Não existe um medo enorme por trás da vontade de se refugiar dentro de uma armadura, de adotar uma postura de guerra? "Você não é viril...!"

Inseguro até a raiz dos cabelos, aturdido, titubeante, saí do banheiro com um imenso sentimento de vulnerabilidade. Praticar a solidariedade, considerar o outro como um companheiro de equipe que navega no mesmo barco, não é fácil para ninguém. Naquela noite, senti uma imensa solidão. ***Alexandre***

Críticas

O aprendizado da sabedoria não é sempre confortável, tampouco solitário. A imagem do sábio sozinho no seu canto, meditando no que é conveniente fazer de sua vida, quase sempre é um clichê. O que nos torna sábios também é a aceitação do que nos incomoda e daquilo em nós que incomoda os outros. A aceitação curiosa e calma das críticas é um exercício de sabedoria aplicada. Se têm fundamento, elas nos ensinam o que precisamos mudar em nós. Se não têm, nos ensinam como os outros nos veem ou o que trazem dentro de si. ***Christophe***

Culpa

No sentido psicológico e não jurídico, a culpa corresponde ao sentimento de que não deveríamos ter nos comportado de determinada maneira ou de outra, ou então que cometemos um erro. Muitas vezes, o sentimento de culpa está dissociado da realidade: algumas pessoas, por exemplo, podem facilmente se sentir culpadas por qualquer coisinha, enquanto outras jamais se sentem culpadas seja pelo que for!

Diferente do sentimento psicológico de culpa, o sentimento de arrependimento não comporta a dimensão moral de falta: lamentamos simplesmente um erro cometido, e o olhar sobre o que fizemos e sobre suas consequências é menos emocional e mais racional. Por isso, dizemos que "nos sentimos culpados", mas não que "temos remorso"; simplesmente "sentimos arrependimento". A linguagem esclarece sobre o aspecto invasivo da culpa.

A culpa e os arrependimentos têm uma função psicológica: não banalizar os erros, fazer refletir sobre eles, fixá-los na memória e ter motivação para não reproduzi-los. Por essa razão, o sentimento de culpa é útil. O problema são seus excessos e deslizes. De certo modo, é um bom sinal: as pessoas que sentem culpa quase sempre são empáticas, atentas ao outro e preocupadas em agir de maneira justa. ***Christophe***

TRÊS CONSELHOS DE CHRISTOPHE
PARA LIDAR COM A CULPA

- Não confundir erro (nos enganamos) com falta (violamos uma regra moral). A consciência de um erro conduz ao arrependimento, o que ajuda a progredir. O sentimento de ter cometido uma falta induz à culpa, o que pode nos fazer sofrer demais e causar vergonha mais do que contribuir para nosso progresso.
- Diante do sentimento de culpa: aceitar e fazer o que no passado se denominava "exame de consciência", tirando proveito desses ensinamentos para o futuro (o que eu faria diferente daqui para a frente?), reparar o erro e pedir desculpas sempre que possível.
- Se o sentimento de culpa for muito forte, é bem importante não enfrentá-lo sozinho: conversar com as pessoas próximas e considerar o sentimento delas a respeito e talvez suas experiências em situações semelhantes.

Cura e desapego

Cura é quando a doença desaparece; às vezes ela some com o tempo e, o mais comum, sob efeito de tratamento. No caso das doenças psíquicas, quase sempre será necessário somar também os esforços do paciente. O hábito da doença em geral torna esses esforços difíceis, dando a sensação de um salto no desconhecido. No caso das doenças da ansiedade, por exemplo, em dado momento, no auge da crise de angústia, para sair dela, existe alguma coisa que depende de um ato de fé. Se sofro de medos devastadores, não consigo acreditar no que diz o terapeuta ("enfrente seus medos"), nem nos mestres tibetanos ("seus medos não têm nenhuma existência própria")! Por isso, é necessário ir fundo nesse assunto; devo tentar aplicar os conselhos deles, pois se trata de uma via validada pelas ciências e experimentada por esses mestres. E o instante em que o ansioso para de acreditar no que pensa, para de achar que tem razão, que está em perigo, que seus filhos estão em perigo, de acreditar obstinadamente em qualquer outro tipo de medo, esse pequeno instante é sim decisivo. É nesse instante que a situação pode mudar, quando dizemos a nós mesmos: "Posso ter errado, estou perdido, cego e subjugado por meus medos. Nada funciona para mim. Então, é melhor tentar desistir dessas atitudes negativas, mergulhar no desconhecido e agarrar a mão que o mestre ou o terapeuta me estendem, escutar seus conselhos, aplicar seu método".

Em latim, a palavra "*fides*" significa ao mesmo tempo "confiança" e "fé". E isso acontece sem dúvida porque muitos ansiosos têm dificuldade em dar um passo à frente sem serem esclarecidos, reassegurados e até mesmo acompanhados por um terapeuta. A mente diz: "Não... não... não; há perigo; não se arrisque; não vá!". Os conselhos só podem funcionar se vierem de alguém em quem se confia. É comovente constatar como as pessoas são ajudadas por nossos livros, por nossa voz, à distância, sem que jamais tenham nos encontrado. Isso não acontece apenas porque o que escrevemos tem sentido e é útil, mas também porque elas têm uma relação de confiança com a gente. ***Christophe***

D

Dalai Lama

Ele é quase sempre apresentado como um sábio dos tempos modernos. Com muita razão, a meu ver. Ele tem a benevolência, a curiosidade, a prudência, a preocupação de não fazer julgamentos precipitados, a humildade diante dos fatos. E também o senso de humor, pois um sábio que adora rir me inspira sempre mais confiança do que um sábio lacônico e sério demais. Gostar de rir significa amar a vida. Se a sabedoria não ajudar a amar a vida, então para que se esforçar em alcançá-la? ***Christophe***

Decrescimento aplicado

Com meus filhos, às vezes praticamos um pequeno exercício espiritual. Assim que colocamos os pés em qualquer grande espaço comercial, nos propomos um desafio: sair dali com as mãos vazias. Caminhando pela praça do mercado, Sócrates se divertia ao ver o número de coisas de que não precisava. Assim que entro numa grande loja, ouço uma vozinha, como um sinal de alarme, que me faz parar na mesma hora. Resisto a esse frenesi que me deixa acreditar que a felicidade consiste em ter, porque sei que existem milhões de maneiras de fugir dessa tentação. ***Alexandre***

Dependência

Ser dependente é desejar ou continuar desejando, mesmo contra a própria vontade, aquilo de que não se gosta mais. Há alguns anos, fiquei perplexo com as descobertas de Kent Berridge, um neurocientista que eu já havia encontrado inúmeras vezes, notadamente em uma das conferências organizadas pelo Mind and Life Institute. Na ocasião, passamos cinco dias discutindo a questão do desejo, da necessidade e da dependência. Os trabalhos de Berridge demonstram que existem no cérebro redes neuronais diferentes para o que se *ama* e para o que se *deseja*. As redes neuronais ativadas quando se ama o que dá prazer – uma boa ducha quente depois de um passeio na neve ou uma porção de comidas deliciosas, por exemplo – não são as mesmas que atuam quando se deseja essa coisa. Isso porque quase sempre o prazer do tipo sensorial é volátil. Ele pode transformar-se rapidamente em indiferença, repugnância e até mesmo em aversão. Um pedaço de bolo com cobertura de creme é delicioso, mas cinco pedaços podem provocar náuseas. Em contrapartida, quando repetimos muitas vezes as experiências prazerosas, reforçamos as redes cerebrais que nos fazem desejar essas experiências. De tal modo que, mesmo quando não sentimos mais prazer, seja no uso de uma droga ou de qualquer outra forma de sensação que de início era prazerosa, continuamos a desejar essa experiência. Quando o desejo se torna persistente, quando se renova sem cessar, ficamos hipersensibilizados ao seu objeto, então podemos falar de dependência. No fim das contas, ficamos na triste situação de não poder evitar desejar alguma coisa que quase não nos dá prazer algum, e pode até provocar asco.

Kent Berridge descreve uma situação extrema. Se ativarmos de maneira repetitiva as áreas do cérebro de um rato ligadas ao desejo, ao mesmo tempo em que fazemos o animal beber uma água tão salgada como a do mar Morto (três vezes mais salgada do que a de qualquer outro mar), chegaremos depressa a um condicionamento. Quando se ativa essa área cerebral de desejo, o rato se afasta da alavanca de acesso a uma solução de água açucarada e vai direto acionar a que libera a água salgada, embora antes do condicionamento ele evitasse sistematicamente essa alavanca. Isso demonstra até que ponto a situação é viciante, pois não basta dizer à pessoa em situação de dependência: "Você tem de pensar no álcool, na droga e na adicção ao sexo como coisas repugnantes". Com frequência, ela já sente aversão pelo objeto de sua dependência. Compreender a dissociação entre o que se ama e o que se quer cria ferramentas para libertar-se de uma dependência funesta e escolher melhor nossa maneira de intervir. Sabe-se que treinar a mente pode remodelar nossas conexões neurais por meio da neuroplasticidade. Por isso, é preciso descondicionar-se, pensamento após pensamento, emoção após emoção, a fim de enfraquecer lentamente as redes cerebrais associadas às tendências que nos fazem desejar sem trégua aquilo que nos prejudica.

Esse é um verdadeiro desafio. A experiência vivida, corroborada pelas neurociências, mostra que, além da força de vontade e da necessidade de manter esses esforços por um tempo longo o suficiente, existem outros obstáculos suplementares. Em primeiro lugar, é fato reconhecido que as áreas do cérebro ligadas à vontade são mais difíceis de ativar nas pessoas em estado de dependência! Elas têm deficiência exatamente na área da vontade, da qual mais precisam. Em segundo lugar, a dependência modifica o cérebro de maneira estável tornando-o mais reativo aos estímulos que desencadeiam os comportamentos aditivos. Essa sensibilização do cérebro nos faz reagir com mais facilidade e intensidade aos fatores que desencadeiam o consumo de uma substância química ou ao brilho de uma tela de videogame. Pior ainda, em todo treinamento, seja na prática meditativa, seja no aprendizado de piano, a neuroplasticidade – transformação de certos conjuntos de neurônios em áreas cerebrais específicas – produz-se essencialmente no hipocampo, região do cérebro ativada quando se aprende, por exemplo, a arte do malabarismo, a meditar e a praticar esportes. Infelizmente, no caso do dependente químico, o hipocampo fica inibido: ele tem menos força de vontade e sua capacidade de mudança fica enfraquecida. Trata-se, portanto, de um quádruplo obstáculo: uma intensificação do desejo, uma hiperatividade diante do estímulo aditivo, um enfraquecimento da vontade e uma inibição da área do cérebro que atualiza a mudança. Para conseguir sair dessa situação, é precioso saber de tudo isso. Precisamos mobilizar ao máximo a vontade que nos resta e fortalecê-la dia após dia com muita paciência. ***Matthieu***

TRÊS CONSELHOS DE MATTHIEU DIANTE DA DEPENDÊNCIA

- Evitar os fatores desencadeantes. Fazer de tudo para não acionar o gatilho e expor-se aos fatores que desencadeiam o desejo irresistível. Retirar do campo visual as substâncias, as imagens e qualquer outra coisa ligada à adicção. Se isso não for possível, tomar a devida distância, afastar-se de tudo, desfrutar do convívio com a natureza, sair para passear com os amigos até ficar mais forte e resiliente.
- O momento crítico. As pesquisas demonstram que o momento crítico é o da confrontação com o estímulo: vemos o pó branco, a garrafa de bebida, seja no mundo real ou numa imagem mental. Se deixarmos o processo se desencadear, ele adquire tamanha força que fica difícil frear. Não se pode simplesmente dizer: "Bom, vou tomar só um pouquinho e depois vou parar". A prática meditativa pode ajudar "ampliando" o espaço temporal desse momento de confrontação para que a pessoa usufrua de uma margem de manobra maior. Quando contemplamos diretamente os pensamentos gerados pela imagem mental do objeto de desejo, quando fazemos a mente fixar-se no momento presente, damos tempo para que esses pensamentos percam sua intensidade e se dissolvam por si mesmos, do mesmo modo que um desenho esboçado na superfície da água apaga-se à medida que é traçado. Se conseguirmos interromper esse processo por um tempo longo o suficiente e nos fixar no momento presente,

evitaremos ficar à mercê da cadeia dos pensamentos que nos afligem e na qual perdemos todo controle.

- Observar a pulsão no espaço da atenção plena. O grande sábio budista Nagarjuna costumava dizer: "É tão bom se coçar, mas é muito melhor ainda não ter coceira". Se o objetivo é esse, recomenda-se observar a área irritada com a máxima atenção por um tempo suficientemente longo, até que o prurido se acalme e você se sinta livre de novo. Alguns podem coçar-se até sangrar. Se interrompermos esse gesto, é claro que durante certo tempo será difícil suportar o prurido, mas no fim ele acabará sumindo. Aplicando essa metáfora ao contexto da dependência, é preciso mobilizar a suficiente determinação, a força da alma, para deixar essa pulsão lancinante diminuir por si própria. Assim como o fogo se apaga quando paramos de juntar mais lenha na fogueira, a pulsão vai ficando cada vez mais fraca até se extinguir completamente. É a natureza das coisas.

Depressão

A tristeza pode ser combatida; a depressão deve ser tratada. Ela provoca um aniquilamento das nossas capacidades de viver, de amar a existência e de superar as adversidades. Sob o domínio da depressão, vemos a vida apenas como uma sequência de dificuldades que só cessam com a morte. Daí vem o desejo de que "tudo acabe": de que a depressão acabe ou de que a vida acabe. É importante sobretudo não julgar as pessoas deprimidas: elas não são nem apáticas, nem egoístas, nem choronas; elas estão doentes, de uma doença invisível e destruidora. É preciso ajudá-las e muitas vezes a única ajuda possível que os familiares podem oferecer é convencê-las a se tratar, mesmo que elas não queiram (persuadidas de que não vai adiantar nada). A depressão deve ser tratada, e cada vez mais por meio de medicamentos, de psicoterapia e de muitas outras técnicas. Depois, quando estivermos curados, vamos nos ocupar em prevenir seu retorno, pois ela tem uma tendência natural de reinventar-se. Para impedir que ela volte, trabalhar em prol da própria felicidade é uma boa ideia: todo dia gerar na cabeça anticiclones de emoções positivas que, como se diz na autêntica meteorologia, afastarão as previsões depressivas para longe de nós. ***Christophe***

Desapego

É um conceito da psicologia popular e também da sabedoria popular. Como venho do povo, amo a sabedoria e a psicologia populares. Ambas conciliam a simplicidade e o pragmatismo. O que é simples nem sempre é falso, nem simplista. Em resumo, o desapego sugere que em certos momentos da vida é preciso renunciar, pelo menos transitoriamente, a assumir ou manter o controle das situações para atingir objetivos. Consiste em saber abandonar. Se sentimos que não vamos conseguir fazer isso (desistir de um trabalho intelectual quando falta inspiração), ou que vamos fazer mal ao outro (desistir de uma discussão com um amigo de má fé, ou que está muito mal), fazemos uma pausa para ver as coisas com mais clareza ou mudar de estratégia. Nesse sentido, o desapego é o antídoto da obstinação.

O desapego, no entanto, só é digno de interesse se houver previamente algum "apego" para ser largado: quando estamos engajados numa ação, numa discussão, em que já obtivemos os resultados esperados ou que poderíamos obter etc. Se não for assim, não se trata de desapego, mas de um "estou pouco me lixando para tudo". ***Christophe***

Desespero

Que dizer diante de alguém desesperado? Há vezes que até mesmo eu, que sou terapeuta, sinto imensa tristeza diante de meus pacientes nessa situação; tenho receio de não conseguir ajudá-los. Em momentos assim, tento transmitir a eles as mesmas palavras que muitas vezes digo a mim mesmo:

Esse estado não é necessariamente anormal. Você tem o direito de sentir-se desencorajado, tem o direito de sentir-se desesperado. Talvez você nem tenha cometido nenhum erro, nem alguma besteira. Quem sabe se o que te desespera hoje, amanhã já não terá desaparecido? Mesmo que neste instante você não acredite nisso, tome um tempo para respirar e repita esta frase: "Está tudo bem, não se sinta mal por isso", sem julgar, nem rejeitar o que ela propõe. Todos os seres humanos podem sentir-se desencorajados por boas ou más razões. Você não tem nada de que se reprovar. Tudo isso faz parte da condição humana.

Faça o melhor que puder, faça qualquer coisa, uma coisinha para você, outra coisinha para o outro, mesmo que não tenha nada a ver com a situação. Não fique centrado no problema, destruindo-se por dentro. Se você se sente desencorajado, ou desesperado, talvez seja porque a situação é realmente desencorajadora e desesperadora, e não existe uma solução simples para ela neste instante. Se houver uma solução, ela se apresentará, e se não houver, outras coisas surgirão. Nos dois casos, não se preocupe demais e não se feche no espaço limitado de sua mente. Saia, movimente-se, espaireça, corra. Não fique sozinho, fale com alguém, não necessariamente sobre seu problema. Descubra alguma coisa em comum com alguém que o ama, que pode ajudá-lo a mudar suas ideias ou aconselhá-lo e consolá-lo.

E depois, quando tiver saído dessa fase de desencorajamento, ou de desespero, sobretudo não passe imediatamente para outra coisa: tome um tempo a fim de analisar o que aconteceu: sente-se, escreva, reflita, observe como você está hoje em relação a esse desespero. Tente compreender por que razão ele não está mais ali, como foi que desapareceu – talvez tenha apenas se transformado em tristeza. Hoje você não está mais desesperado. Como pôde cair nesse abismo? Em que estado se encontra agora? Quais foram as etapas do processo que fez você sair disso? Lembre-se bem de seus momentos de "desespero por nada", ou quase nada, aos quais você finalmente sobreviveu. Pense no que dizia Emil Cioran: "Somos todos farsantes, sobrevivemos muito bem aos nossos problemas". ***Christophe***

Despojamento

Nossa lógica ocidental prega o oposto do despojamento. Porque estimula a acumulação: acumulamos bens, conhecimentos e até mesmo relações, como acontece nas redes sociais, bem mais do que seria razoável, excedendo nossas necessidades reais. Há uma pequena frase, escolhida ao acaso em uma de minhas leituras, que me marcou profundamente: "Não pergunte o que o sábio tem a mais que você; procure saber o que ele tem de menos".

Na minha profissão, todos os pacientes me sensibilizam, mas os pacientes acumuladores me comovem e me intrigam de modo especial. Portadores de transtorno obsessivo compulsivo (TOC), eles não se desfazem de nada, guardam absolutamente tudo – jornais velhos, caixas de papelão, garrafas vazias, rolinhos de papel higiênico que acabou, roupas esfarrapadas. Nesse caso, fala-se da "síndrome de Diógenes". Quando moram em casas espaçosas, os vizinhos dão queixa na delegacia de que os quintais desses acumuladores se transformam em depósitos de latas de conserva enferrujadas. Quando vivem em apartamentos pequenos, a situação não é melhor. Trabalho com terapias comportamentais e, por isso, às vezes vou até a casa deles para ajudá-los: já vi moradias transformadas em labirintos de pilhas de jornais e de caixas de sapatos que chegavam até o teto. Esses acumuladores são pacientes que sofrem muito e me remetem sistematicamente à seguinte pergunta: eles se encontram num estado extremo, mas e você? Será que já não está com um pé dentro dessa engrenagem? Porque eu mesmo não sou um bom exemplo em matéria de despojamento! Não gosto de jogar coisas fora. Invento desculpas, justificativas: meus pais eram grandes acumuladores, adeptos da filosofia do "um dia podemos precisar", do "não vou jogar fora essa fita, pois sempre pode ser útil", ou do "podemos precisar desses jornais velhos se houver um vazamento de óleo do carro". Sempre tive o sentimento de que aquelas coisas todas entulhavam a cabeça e a vida deles e que o problema ia muito além dos serviços prestados pelos objetos acumulados; confesso, porém, que eu também tenho essa reação em relação às coisas que amo: por exemplo, tenho uma dificuldade tremenda de me desfazer de livros; para mim é quase impossível jogar fora um objeto antigo e desgastado, e tão só pelo fato de alguém ter me dado de presente; fico totalmente paralisado quando se trata de me desfazer de desenhos ou de brinquedos velhos das minhas filhas – minha esposa sabe muito bem que só pode jogar fora essas coisas escondido de mim.

De modo geral, desfazer-se de objetos que têm significado afetivo para nós é doloroso: quando meu pai morreu, me recordo do tempo que passei junto da minha mãe ajudando-a a organizar a casa. Foi bastante complicado para mim, e mais ainda para ela, porque a impressão que ela tinha era a de estar jogando fora grande parte de sua vida. Afinal, porque somos tão apegados a suvenires? É claro que eles nos dão um sentimento de coerência pessoal, uma impressão de saber um pouco mais quem somos, de onde viemos, mas, se refletirmos melhor sobre isso, veremos que são mais um peso do que um elemento substancial. Em determinado momento a acumulação deixa de nos fazer bem.

Tenho a impressão de não estar sozinho nessa dificuldade quando observo ao meu redor outras formas de apego, como a obsessão das pessoas por tirar fotos: nas reuniões de família, nas viagens, vemos cada vez mais esses fotógrafos "fanáticos" que não participam da festa só para poder captar as imagens. E o que vai acontecer com essas fotos? As fotos acumuladas nos computadores vão desaparecer, já que são menos vistas nas telas do que nos álbuns de fotografia, que exibem apenas algumas fotos escolhidas.

A obsessão de estar conectado com o maior número possível de pessoas nas redes sociais, de enviar em tempo real centenas de SMS e de fotos, origina-se também dessa tendência de acumulação, de não perder, de não jogar fora nada do que constitui nossa vida. A época atual é claramente muito diferente das épocas que nos precederam, quando tanto os laços com os objetos como com as pessoas eram mais raros, porém muito mais intensos. Vivemos numa sociedade extremamente tóxica, de uma malignidade absoluta, que nos encoraja a comprar, a possuir, a acumular e, no lapso de um momento, nos convence a jogar tudo fora, não para o nosso bem, mas com a finalidade de abrir espaço para comprar outra coisa, porque a anterior já não está mais na moda, já ficou obsoleta. É diabólico, pois essa sociedade de consumo descobriu que a necessidade de reduzir era indispensável, já que o espaço das coisas materiais não é infinito, mas aproveitou para transformar essa necessidade de reduzir em necessidade de renovação das coisas que possuímos.

Tenho a sensação de que também no mundo da psicoterapia as pessoas estão centradas numa exigência de compensação de déficits: como dar mais energia vital ao deprimido que tem deficiência dela? Como ensinar outras competências sociais ao tímido que não tem nenhuma? Como dar ao hiperemotivo um pouco mais da regulação emocional que nele é insuficiente? Como ensinar ao toxicômano a ter um pouco mais de autocontrole?

As práticas meditativas abriram meus olhos para o fato de que as pessoas também podem ser encorajadas na direção do menos: menos ruminação, menos pensamentos, menos apego, menos desejo de controle etc. Foi uma grande inovação que se revelou bastante fecunda na minha prática profissional e na minha maneira de conduzir a vida. ***Christophe***

VER TAMBÉM *NECESSIDADE, DECRESCIMENTO APLICADO.*

TRÊS CONSELHOS DE CHRISTOPHE
PARA PRATICAR O DESPOJAMENTO

- Reduzir as coisas materiais. Recomendo o mantra de Matthieu: "Não preciso de nada", ou, se for duro demais, "Não tenho necessidade de tudo isso". Quando fizer compras, antes de efetivar a aquisição, perguntar a si mesmo: Será que preciso mesmo disso? Será que isso vai me fazer mais feliz hoje? E amanhã? E dentro de um mês? E de um ano?
- Reduzir a função ocupacional. Fazemos coisas demais e envolvemos nossos filhos num excesso de atividades. Será que temos necessidade de tanto lazer? E se fizéssemos menos para viver melhor? E se reservássemos um tempo para não fazer nada, para contemplar, para respirar?
- Reduzir a atividade mental. Reduzir nossos medos – medo do futuro, medo da nossa imagem social, medo em relação à nossa segurança.

Dinheiro

O dinheiro não faz ninguém necessariamente feliz, mas em nossa sociedade é um bom redutor de estresse, pois permite que não haja preocupação com as necessidades materiais do dia a dia – se meu automóvel tem uma pane ou meu aquecedor para de funcionar, graças ao dinheiro, posso mandar consertá-los; se meu trabalho é exaustivo, graças ao dinheiro, posso viajar no fim de semana ou sair de férias etc.

No entanto, é preciso saber que a presença do dinheiro modifica muitos de nossos comportamentos sem termos consciência disso. Existem muitas pesquisas sobre esse assunto. Numa delas, os voluntários são separados em dois grupos. O primeiro grupo é submetido a uma técnica que ativa o subconsciente dos indivíduos com um tema relativo a dinheiro; na prática, se propõe às "cobaias" uma série de exercícios simples no computador, sem nenhum objetivo importante, cuja tela de fundo é entremeada por imagens de cédulas bancárias.

No segundo grupo, os voluntários fazem exatamente os mesmos exercícios, mas as imagens das cédulas são substituídas por imagens de flores, quadros ou outro tipo de coisa totalmente neutra. Outro exemplo de exercício: pede-se aos participantes para classificar alguns fragmentos de papel em função de seu tamanho ou da cifra registrada neles. Para o primeiro grupo, os papéis foram substituídos por cédulas bancárias, que eles precisavam classificar de acordo com o valor, e assim por diante.

Na segunda etapa da pesquisa, os dois grupos são reunidos numa sala e pede-se que resolvam problemas mais ou menos complicados e que, se precisarem, podem pedir ajuda aos outros participantes. Os indivíduos "expostos" ao dinheiro pedirão menos ajuda aos outros e, quando sua própria ajuda for solicitada, darão menos conselhos e dedicarão menos tempo a isso. Após o teste, o avaliador, sentado em sua poltrona, os convida: "Venham sentar-se a meu lado. Aproximem suas cadeiras, vamos discutir um pouco...". Os voluntários ativados pelo dinheiro colocam suas cadeiras menos próximas do avaliador do que os participantes do segundo grupo de controle. O simples fato de serem confrontadas com imagens que evocam o dinheiro torna as pessoas menos solidárias e as afasta dos outros, pelo menos durante algum tempo após a experiência.

É bom saber disso e incorporar essa lição em nossa vida. ***Christophe***

Discernimento

Um amigo indiano me contou a seguinte história:

Um pescador estava sentado à beira de um lago à sombra de uma árvore. Ele brincava com os filhos. Um homem da cidade chega, contempla a cena e puxa conversa com ele.

— Bom dia, o que você faz da vida?

— Sou pescador. Meu barco está ali, ancorado na margem do lago. Pesquei a manhã inteira.

— Por que não pesca à tarde?

— Já consegui alimento para a minha família para os próximos dois dias.

— Mas se você pescasse o dia todo, também poderia vender seu peixe.

— E para quê?

— Você teria como pagar um ajudante, pescaria mais e aumentaria sua renda.

— E por que faria isso?

— Ah, você poderia comprar um segundo barco e prosperar muito mais!

— E depois?

— Você poderia parar de trabalhar e passar um bom tempo descansando e brincando com seus filhos.

— Mas é exatamente isso que estou fazendo!

O discernimento é um dos valores-chaves que, aliados à sabedoria e ao treinamento da mente, permitem identificar as causas do sofrimento e nos libertar de sua servidão. Muita gente deseja ser feliz e acha que para isso é preciso ser rico, poderoso, célebre. Um dia, ficamos sabendo que algumas pessoas que reuniram todas essas condições na realidade estão deprimidas, são toxicômanas ou suicidaram-se. Aí pensamos: "Que coisa bizarra! Se tudo isso fosse meu, eu certamente seria feliz". Mas se tivéssemos tido o trabalho de refletir sobre o assunto, nos daríamos conta de que esse caminho falso não leva a nenhuma satisfação profunda. Tais pessoas comprovaram sua falta de discernimento e deram as costas a valores como amizade, serenidade, paz interior e equilíbrio emocional, que poderiam produzir uma satisfação duradoura. ***Matthieu***

TRÊS CONSELHOS DE MATTHIEU
PARA AUMENTAR O DISCERNIMENTO

- Identificar, após uma reflexão sincera e tranquila, as condições exteriores e os estados mentais que favorecem a felicidade – concebida como a maneira ideal de ser – e distingui-los daqueles que tiram nosso bem-estar e os dos outros.
- Analisar a natureza da realidade da melhor forma que pudermos e compreender que ela é, por natureza, impermanente e que as características que atribuímos às coisas e aos seres ao redor são em grande parte projeções da nossa mente.
- Aprender a administrar pensamentos e emoções e a "libertar" os estados mentais aflitivos à medida que surgirem na mente, ou seja, deixar que passem como pássaros que voam pelo céu, sem deixar nenhum vestígio.

Discórdia

Pode haver atritos *e* discórdias nos laços sociais, quaisquer que sejam. O ponto principal de uma relação humana funcional é a capacidade de reparação, e não que haja acordo entre todos: se o acordo existir tanto melhor! Mas devemos poder discutir e até mesmo estar em desacordo. É essa a diferença entre um casal vivo e um casal morto, entre amigos vivos e uma amizade que já morreu: o vivo é o que se autorrepara, o que cicatriza. É por isso que a capacidade de reconciliação, e às vezes a do perdão, é tão importante: não é uma questão de princípios – porque a paz vale muito mais do que a guerra –, mas sim uma questão de sobrevivência! Se não formos capazes de tolerar os desacordos, e nem mesmo os conflitos, e depois reparar a relação, nos empobrecemos: a discordância funciona como um alimento, por vezes amargo, mas quase sempre muito rico em "nutrientes" (argumentos e pontos de vista) que a mente não sabe produzir por si própria. E depois existe o cuidado que se deve ter regularmente com a relação, seja conjugal ou de amizade. Como já escrevia Shakespeare: "Quem negligencia os gestos de amizade acaba perdendo o sentimento". O que também previne a discórdia e limita seu alcance é o cuidado que temos em nutrir os laços com o outro, sempre querendo ter notícias dele quando está longe, sempre mostrando um interesse genuíno quando está perto. ***Christophe***

VER TAMBÉM *RELAÇÕES DIFÍCEIS*.

Distração

O cérebro está acostumado a ficar distraído, não a meditar. No fundo, a serenidade não é o seu forte. Ele foi programado para julgar, condenar, comparar, para se fingir de bobo, fugir para o passado, antecipar as coisas, ou seja, ele foi programado para delirar e divagar. Myngiur Rinpoche nos propõe uma prática singular: umas dez vezes por dia fazer uma pausa e observar: "Ah! Veja só! Não estou meditando profundamente". O que significa: "Eu estava completamente distraído". Só o fato de perceber que estou distraído já é por si só um momento de presença de espírito. E, de repente, a liberdade começa! Dia e noite, as engrenagens da mente alimentam a nossa tendência de exagerar tudo. Tranquilamente, do modo mais sereno do mundo, posso olhar de modo incisivo para esse grande torvelinho de emoções e quase me divertir com ele: "Ah! Veja só! Essa é a minha concepção da vida", "Aí está a ideiazinha absurda que estragou todo o meu dia". Treinar a mente é tentar, sem narcisismo algum, examinar o próprio cérebro, esse grande intérprete de poderes infinitos. ***Alexandre***

VER TAMBÉM *MEDITAR*.

Doença

Em medicina usa-se com frequência o vocabulário belicista: "lutar contra a doença", "declarar guerra ao câncer". Sempre fico desconfortável com esse gênero de afirmação e a visão subentendida nele. Parece que esse discurso deixa de considerar uma porção de verdades: a doença não é um inimigo, nem um adversário, mas sim um desequilíbrio, uma alteração de mecanismos sutis que mantêm a saúde (a saúde é um pequeno milagre, assim como a vida!). Cuidar de si mesmo e acalmar as emoções de medo e de raiva me parecem atitudes mais eficazes do que viver em guerra incessante contra um inimigo imaginário. ***Christophe***

VER TAMBÉM *CURA, DESAPEGO.*

Dor

Dor é a parte biológica, orgânica e existencial do sofrimento: um dente cariado ocasiona modificações biológicas que provocam uma sensação dolorosa lancinante. Às vezes, a dor também é personificada por um acontecimento qualquer: a perda de um filho, de um amigo, de alguém da família. Por fim, a dor é real quando nos fere. O sofrimento designa o impacto da dor sobre a nossa mente, sobre a nossa visão de mundo. Vamos olhar o exemplo dos acufenos: esses ruídos e zumbidos no ouvido são uma forma de dor relativamente mínima (existem de fato dificuldades bem piores), mas podem gerar grandes sofrimentos porque o impacto dessa pequena perturbação vai provocar obsessões, ocupar a mente o tempo inteiro e, às vezes, vai precisar de ajuda psicológica. Não posso fazer a dor dos meus pacientes desaparecer só com minhas palavras – às vezes com medicamentos, muitas vezes com o tempo, como numa situação de luto – mas posso ajudá-los a compreender seu sofrimento e a diminuí-lo por meio de certas técnicas, como a psicoterapia e a meditação. ***Christophe***

VER TAMBÉM *CURA, DESAPEGO, SOFRIMENTO.*

E

Ecologia

Em grego, a palavra "*oikos*" significa "casa, hábitat". Ecologia poderia ser a arte de coabitar alegremente. Somos todos colocatários desse belo planeta azul. Por que então espezinhar o outro e considerá-lo um rival? Como nos tornar verdadeiramente parceiros solidários e tentar a aventura de viver uns com os outros?

O desafio ecológico não pode ser vivido na pura abstração. Ele implica um monte de interrogações concretas que, em última análise, modelam nosso dia a dia. Qual é a nossa relação com a natureza? Ela é como uma loja, um self-service, uma caixa de ferramentas para consumir árvores, animais, utilizar e jogar fora? Por que considerar o mundo um imenso supermercado? É preciso mesmo encher a pança numa total indiferença ao dilúvio que podemos desencadear? Manter a sabedoria como alvo talvez implique repensar a maneira de habitar este mundo e considerar os laços que teço com os homens e mulheres que vim a conhecer.

A natureza vem incessantemente nos lembrar de que não somos o centro do mundo e isso é maravilhoso. Com certeza há coisas muito maiores do que nós. As forças da natureza e sua grandiosidade nos extraem com delicadeza da centralidade do eu, do consumidor que pode estar adormecido em nós, colocando em xeque o nosso sentimento de onipotência. No pico de uma montanha, ao pé de uma árvore, na companhia de um ser humano, como não experimentar a grandeza do cosmo, infinitamente mais vasto do que as fronteiras estreitas e frágeis da nossa individualidade? A ecologia nos lança um apelo: mudar, crescer por dentro, sair do cubículo mental para nos doar ao mundo.

Como manter o contato com a natureza no meio do asfalto e respeitar em toda parte o superpoderoso milagre da vida? A fim de coabitar todos juntos nessa gigantesca morada, é urgente restabelecer o laço consigo mesmo, com os outros, com o todo e nos abrir para o mundo. Quando a indiferença nos invade, torna-se imprescindível abrir portas e janelas para circular o ar e impedir o cheiro de bolor. No metrô de Nova York, aconteceu uma cena dramática que poderia se tornar *banal*. Um sujeito foi apunhalado diante de todos e a indiferença foi quase geral. Ninguém levantou um dedo sequer para ajudar o infeliz. Sem cair no saudosismo, como não deplorar que numa sociedade hiperconectada o vínculo natural com o outro se deteriore, perca sua força? Costumo fazer cursos de inglês pela internet. E, por estranho que pareça, conheço melhor meu professor que vive em Boston do que meu vizinho de andar.

Por isso, proponho um desafio ecológico da maior importância: viver todos juntos, sem deixar ninguém de fora. Como cuidar da nossa casa e dos seres que habitam conosco? Sem fazer profecias dramáticas, não seria bom passar em revista as poluições que minam o viver juntos? A partir de agora, podemos todos trabalhar sem descanso para cultivar a boa vizinhança. Para Plotino, a alma se transforma naquilo que contempla. Onde se fixa o nosso olhar de manhã até a noite? De que ele se alimenta? O espetáculo da perversidade, a competitividade, a corrida insana da luta pela vida nos deixarão ilesos? Retornar à natureza, identificar o desafio, já não seria frear, reduzir a velocidade, diminuir um pouco essa avidez e passar do "eu" para o "nós"? ***Alexandre***

VER TAMBÉM *AMBIENTE, JARDIM PÚBLICO, NATUREZA.*

Educação

Os efeitos da educação muitas vezes são diferentes. Nossos esforços para ensinar determinados valores aos nossos filhos (benevolência, perseverança, honestidade) parecem não ter resultados imediatos: eles continuam a brigar, a largar as tarefas em caso de dificuldade, a nos contar lorotas quando lhes convêm. Dizemos, então, que nossos esforços educativos não servem para grande coisa, que estamos fazendo tudo errado e que não sabemos muito bem dar exemplos; todas essas coisas são possíveis, e é preciso refletir sobre elas.

Com muita frequência, porém, quanto mais os filhos crescem e vão para longe de nós, mais temos a grata surpresa de vê-los usar essas qualidades, adotar esses valores em suas vidas, o que não faziam quando ficávamos no pé deles: talvez também porque simplesmente não tinham maturidade para isso. Houve um efeito retardado! Mesmo sem resultados imediatos, é quando são crianças que precisamos fazer os esforços educativos, e não esperar até que sejam adolescentes ou adultos para ensiná-los.

Mas a educação dos filhos é igualmente uma oportunidade para nós: educar o outro é educar a si mesmo! Uma vez que a educação tem a ver com a nossa maneira de ser, é claro que transformamos nossos filhos porque lhes dizemos o que fazer, mas também porque lhes mostramos com nosso exemplo. Sobretudo quando achamos que eles não estão olhando para nós! E quando não estamos querendo exatamente servir de exemplo de modo artificial e superficial. Nesses momentos, transmitimos a eles o que somos. E se queremos fazer a coisa certa, também nos esforçamos para viver o mais próximo possível dos valores com os quais pretendemos educá-los, o que envolve um trabalho diário.

Por fim, é importante conhecer outro ponto: parece que as regras sociais impostas de fora só podem funcionar se corresponderem às estruturas cerebrais, a tipos de valores interiores preexistentes, quase sempre indicados por nossas reações emocionais. Assim, o altruísmo e a fraternidade podem ser facilmente ensinados a uma criança, porque seu cérebro está predisposto a isso. Mas predisposição não quer dizer obrigação: sem educação, ou com uma educação em sentido inverso (que incentiva o egoísmo e a competição), essas tendências inatas permanecerão adormecidas e podem até mesmo ser desativadas para sempre. ***Christophe***

VER TAMBÉM *ALTRUÍSMO*, *BIOFILIA*.

Efêmero

Com frequência temos a tendência de esquecer o caráter efêmero das lutas, dos campos de batalha. Parece que o que atrapalha é precisamente esquecer que tudo passa, mesmo as pedras que caem no caminho, as crises passionais, os tormentos da alma. É uma loucura constatar como os cenários catastróficos podem desencadear-se. Em plena tormenta, é difícil acreditar que a emoção não vai nos devorar vivos. De repente, a ladainha da mente entra em ação: "Minha vida acabou", "Não tenho mais forças", "O combate é demasiado para mim". Em plena acrasia, lembrar que tudo é provisório, impermanente, é como deixar-se flutuar, é acolher o caos de braços abertos.

Uma amiga do Matthieu me ajudou muito nesse caminho. Em nosso retorno da Coreia, em plena mudança, quando eu me arrancava os cabelos de preocupação, ela me disse: "Isso aqui virou uma zona, mas não tem problema". Além do que, tenho meu mantra. Quando atravesso uma turbulência, no meio do caos, digo a mim mesmo que aquilo de fato virou uma zona, mas não necessariamente um drama. A mente, essa máquina gigantesca que nos faz arrancar os cabelos, é condicionada a exagerar as coisas. Sem cair num otimismo ingênuo, podemos tomar consciência de que existem dois tipos de sofrimento, duas camadas, se é que posso dizer assim: o lado trágico da existência – as doenças, os tremores de terra, a deficiência física, a morte, uma certa solidão – e toda a carga de psicodramas fabricados inteiramente pelo ego. Ainda bem que podemos serenar esses dragões interiores, dissolvê-los pouco a pouco e começar agora mesmo a não nos deixar enganar mais pelos cenários trágicos que habitam em nós. ***Alexandre***

VER TAMBÉM *IMPERMANÊNCIA*.

Ego e autoestima

O ego não faz parte do vocabulário corrente da psicologia; fala-se mais de "autoestima", que define o conjunto de maneiras de olhar para si mesmo, de se julgar, de se considerar, de se tratar. Eu descreveria o ego simplesmente como o conjunto de apegos a si mesmo e à própria imagem, e gostaria também de falar de suas patologias e de todas as suas consequências. Por meio de vários estudos, sabe-se que a autoestima é profundamente influenciada por todas as relações sociais. No fundo, muitos pesquisadores consideram que o valor que se atribui a si mesmo é fortemente, para não dizer quase que exclusivamente, constituído pelo sentimento de ser estimado pelos outros. Ou melhor, é o olhar dos outros que condiciona a qualidade do nosso olhar sobre nós mesmos e que reflete, na realidade, a maneira pela qual nos vemos nos olhos dos outros.

Existem duas grandes patologias da autoestima e ambas causam sofrimentos. Primeiro, o excesso de apego a si mesmo, que vemos na pessoa narcísica, que tem uma consequência imediata e consubstancial: quanto mais apegado sou a mim mesmo, mais tenho vontade de ser admirado, mais me julgo superior aos outros e autorizado a me conceder direitos superiores. Daí vem o comportamento característico dos indivíduos narcísicos, que acreditam que seus pensamentos são mais inteligentes e inovadores do que os dos outros, que se autorizam a dirigir mais rápido que os outros porque acham que dirigem melhor, a passar na frente de todo mundo na fila de espera porque seu tempo é mais precioso, de ocupar-se com seus interesses mais do que com os dos outros, e assim por diante. Mas há também outra forma de obsessão de si, de apego excessivo a si mesmo, que afeta as pessoas com baixa autoestima: nesse caso, trata-se de um apego negativo. Chamadas com frequência de "complexadas", no fundo, elas têm a mesma obsessão pela atenção e pelo julgamento do outro que os narcísicos têm, mas em vez de estarem em busca de admiração e de aceitação, o que elas esperam é o julgamento e a crítica, porque têm medo de serem rejeitadas, medo de que ninguém as ame o suficiente.

Os trabalhos sobre autoestima começaram nos anos 1960. Sessenta anos depois, grandes progressos foram alcançados e compreendeu-se que o objetivo, o ideal do trabalho sobre autoestima, é o esquecimento de si. Quando se observam sujeitos cuja autoestima parece funcionar bem, percebe-se que eles não têm um ego inflado. Não se perguntam mais do que o necessário o que os outros pensam deles e envolvem-se na ação, na relação, sem ter dúvidas incessantes sobre si mesmos. Os americanos falam de *quiet ego:* um ego tranquilo, livre da obsessão de "o que é que vão pensar de mim? Será que estou à altura?". Como alcançar esse objetivo? Quando se diz a alguém complexado, que imagina não ter qualidades suficientes, para pensar em outra coisa que não seja em si mesmo, ele é praticamente incapaz de fazê-lo. Em contrapartida, depois de curado, ele pode ter consciência desse fato. Sobre esse assunto, lembro-me de uma paciente que me revelou o seguinte: "Quando estou com pessoas que me impressionam e sinto que não estou à altura delas, tenho vontade de me transformar num ratinho, de desaparecer para que ninguém preste atenção em mim. Penso então no trabalho que já fizemos na terapia e digo a mim mesma: 'Não se sinta tão pequena; você não é tão grande assim!'. Em outras palavras, não se inquiete; as pessoas não estão apaixonadas por você; não é sempre para você que olham; não é você que julgam. Desde que não suba na mesa e comece a gritar, você tem sempre seu espaço no meio dos outros sem ser objeto de obsessão para eles".

Existe uma variedade enorme de estudos sobre esse tema, e um dos que mais me marcou mostrava que, paradoxalmente, era benéfico para a autoestima do indivíduo cultivar o sentimento de pertencimento, de fraternidade com os outros, pois essa atitude não o desvalorizava, mas lhe trazia segurança e serenidade. Inversamente, o desejo de dominação provocava insegurança, era ameaçador e exaustivo. Um erro que muitos pacientes cometem quando não têm um bom nível de autoestima é que eles têm a impressão de que, para ser aceito, é preciso ser admirado pelos outros. Por exemplo, se são complexados por sua falta de cultura, vão tentar parecer cultos. É isso que se fazia antigamente nas terapias de autoestima: tentava-se revalorizar os pacientes e encorajá-los a se verem de forma positiva. E, com frequência, para muitos pacientes tímidos e complexados, a impressão era de que, para não ser mais dominado, era preciso ser dominador. Nos dias atuais, exaltam-se as relações horizontais e não as verticais, e deixa-se de lado essas histórias de dominação, pois são emocionalmente muito custosas. Sabe-se, por exemplo, que indivíduos narcísicos com essas obsessões de dominação, de reconhecimento, de submissão da parte do outro, são pessoas extremamente inseguras, com altos níveis de estresse, de ansiedade, de tensão, de contração muscular. Isso vale também, mas em sentido inverso, para os indivíduos com baixa autoestima.

Eu concluiria com dois pontos: primeiro, o ego é um mal necessário, como um carro de aluguel. Precisamos dele para atravessar a vida, assim como precisamos de um meio de transporte para nos deslocar de um ponto a outro – exceto no caso de um eremita ou de um monge contemplativo, que não saem de seu monastério, que talvez acreditem que livrar-se completamente do ego seja algo muito simples. Nas estradas da vida, há veículos mais poluentes do que outros: grandes SUVs com tração nas quatro rodas, que consomem muita gasolina, que querem ser admirados e que os deixemos nos ultrapassar, e no outro extremo, pequenas bicicletas que não poluem e não fazem ruído. Parece que não há como nos livrar do ego, nem atirá-lo pela janela, mas podemos nos assegurar de que ele não seja muito poluente para os outros, nem custoso demais para nós (em termos de energia, cuidados, manutenção). Segundo ponto, que ninguém espere livrar-se do ego pelo desprezo. Em pacientes que sofrem de falta de autoestima, a solução não é continuar a se desprezar: já que quase sempre esse tipo de paciente vive obcecado por si mesmo e, ao mesmo tempo, irritado consigo mesmo. Voltamos então a essa diferença fundamental entre o desapego e o não apego. A ideia não é desapegar-se do ego de modo obsessivo, mas sim canalizar os esforços para o não apego do ego. Como na célebre frase de Paul Valéry: "Eu me detestei, eu me adorei – depois nós dois envelhecemos juntos". ***Christophe***

Ego e sua desconstrução

Em muitas ocasiões, tive a oportunidade de falar da desconstrução do ego na prática budista. Na maioria das vezes, as pessoas ficam incomodadas com esse assunto. Costumam perguntar: "Não é necessário ter um ego forte para funcionar bem na vida?". Ou ainda: "Será que muita gente não sofre de problemas psicológicos porque seu ego está fragmentado ou enfraquecido?". Em vez de falar de ego forte, seria melhor falar de força interior. Essa força é consequência do fato de liberar-se do jugo do ego – principal fonte de tudo o que envenena a mente. Nos Estados Unidos, pais e educadores repetem noite e dia para os filhos: "Você é especial!". A síntese de um número significativo de pesquisas levou o psicólogo Roy Baumeister a concluir que todos os esforços e todo o dinheiro que escolas, pais e terapeutas investiram na promoção da autoestima produziram apenas benefícios mínimos. "Depois de todos esses anos, concluiu ele, lamento informar que minha recomendação é a seguinte: esqueçam a autoestima e concentrem-se no autocontrole". É evidente que não precisamos cair no outro extremo, mas não é se agarrando à entidade factícia do ego que alguém consegue adquirir uma confiança estável.

Consideramos nosso eu como uma entidade única, autônoma, duradoura. Não resta dúvida de que isso é útil para funcionar na vida, mas será que esse conceito corresponde de fato à realidade? Quando vejo uma foto minha da infância, digo a mim mesmo: "Esse menino andando de bicicleta sou eu". Desde essa época vivi todo tipo de experiências e meu corpo envelheceu, mas continuo a dizer: "Sou sempre eu mesmo". Diversos mecanismos mentais são ativados simultaneamente nesse fenômeno: a percepção de um "eu", a de uma "pessoa" e a de um "ego". O "eu" vive no presente; quando me levanto de manhã é ele que pensa "eu existo", "eu tenho frio" ou "eu tenho fome". Ele corresponde à experiência de nosso estado atual. A noção de "pessoa" reflete nossa história. É um continuum que abarca o conjunto de nossa existência e que integra aspectos mentais, corporais e sociais. Sua continuidade no tempo nos permite religar nossas próprias representações do passado às que concernem ao futuro. Resta o "ego". Espontaneamente, achamos que ele constitui o próprio cerne do nosso ser. Concebemos o ego como um todo indivisível que nos caracteriza da infância à morte. O ego é proprietário do "meu corpo", da "minha consciência", do "meu nome". Mesmo que, por natureza, nossa consciência seja um fluxo dinâmico em constante transformação, não podemos nos impedir de imaginá-la como uma entidade distinta, semelhante a um barco que desce pela correnteza de um rio.

Uma vez que a percepção de um "eu" e de uma "pessoa" cristaliza-se nesse sentimento muito mais forte de identidade, que é o ego, queremos proteger e satisfazer esse ego. Sentimos aversão por tudo aquilo que o ameaça, e atração por tudo o que o agrada e conforta. Essas duas reações geram uma multiplicidade de emoções conflituais – raiva, desejo, inveja, ciúme etc.

Basta examinar um pouco esse ego para compreender até que ponto isso não passa de uma mistificação, cuja autora é nossa própria mente. Vamos tentar, pelo menos, localizar esse ego. Quando afirmo: "Você me bateu", não digo que "Você bateu em meu corpo, mas tudo bem, porque não sou eu". Isso acontece porque associo meu ego a meu corpo. Minha consciência não pode ser atingida. Mas quando digo: "Você me fez sofrer", associo meu ego aos meus sentimentos, à minha consciência. Além do mais, quando digo "meus" sentimentos, "minha" consciência, "meu" corpo, o ego começa a aparecer como proprietário de tudo. Não entendemos muito bem como uma entidade dotada de existência própria pode, à maneira de Arlequim, assumir todas essas identidades mutuamente incompatíveis. O ego não pode ser mais do que um conceito, um rótulo mental afixado num processo dinâmico. Na verdade, ele é útil para nós, pois permite, entre outras coisas, religar um conjunto de situações mutáveis, integrar emoções, pensamentos, a percepção do ambiente em um todo coerente. Mas, no fundo, é produto de uma atividade mental contínua que mantém viva na mente uma entidade imaginária. ***Matthieu***

Ego, o ilusionista

O tempo todo, ouvimos as palavras "ego" e "eu" sem saber verdadeiramente o que designam. A bem da verdade, eu teria muita dificuldade em defini-las. Considero o ego uma espécie de pacote de ilusões composto de desejos, de medos, de emoções, de representações, ao qual, para nosso sofrimento, nos apegamos. É conveniente distinguir muito bem esse eu ilusório, essa fachada, do que existe de mais profundo em nós, nossa interioridade, que não pode ser coisificada. No entanto, a noção de ego permanece indefinida em minha mente. Como posso então me libertar dela? Graças ao Christophe, começo a compreender e diferenciar. Durante muito tempo, encarei com suspeita essa mania de valorizar a autoestima. Eu temia que a noção virasse um culto da personalidade. Mas, como o Christophe mostrou, sem uma personalidade bem estruturada, sem uma autoconfiança sadia, caímos em muitos tipos de escravidão.

Gostaria ainda de relembrar neste verbete a refinada análise de Jean-Jacques Rousseau no *Discurso sobre a origem e os fundamentos da desigualdade entre os homens*. Rousseau distingue o amor de si, que leva cada um a cuidar de si mesmo e a evitar os perigos, do amor-próprio, que é uma paixão eminentemente social. Conhecemos todos os seus danos: a loucura do "que vão pensar de mim", a sede de aparecer, o desejo de dominação, o gosto pelo poder. No fundo, o amor-próprio surge da comparação. É como se alguém fabricasse uma ideia de si e, para seu grande sofrimento, se apegasse a ela. Basicamente, isso nada tem a ver com o amor de si, essa inclinação primitiva, essa espécie de instinto de conservação que nos força a cuidar da vida e, em muitos casos, a progredir. Infelizmente, com muita frequência esse ímpeto escapa do controle e degrada-se em egoísmo. Esse mesmo filósofo fornece uma chave eficaz para não cair nessa idolatria do eu, sem, contudo, descambar num lamentável desprezo de si.

O grande sábio indiano Ramana Maharshi também indica o caminho. Ele pode nos ajudar a nos desprender desse eu, que se agita em todos os sentidos, e chegar até o fundo de nós mesmos, onde a alegria e a paz prevalecem. Muito concretamente, posso imitá-lo e me perguntar: "Quem sou eu?". Sem deixar que isso vire uma obsessão, é libertador perguntar-se: "Será que sou meu corpo, meus pensamentos, meu carrão? Será que sou minhas convicções religiosas, minhas ideias políticas?".

O que nos liberta também é interpretar as emoções perturbadoras como sinais de um eventual apego ao ego. Por que diabos me apego a uma ideia que depois vai me fazer sofrer? E por que razão às vezes estou mais pronto para quebrar a cara do que para reconhecer meus erros? Identifico isso mais sutilmente como um narcisismo invertido que invade até mesmo o terreno da vida espiritual: "Vou mostrar a vocês que não tenho ego; vocês verão e vão se certificar disso". Diante desse perigo, há coisa melhor a fazer do que se menosprezar.

É melhor escutar a preciosa frase de Spinoza: "Não zombar, não chorar, não odiar, mas compreender". Identificar os mecanismos que nos fixam no ego e descobrir nossas formas de escravidão é mais um desafio divertido do que um dever. E por que não começar o dia fazendo um pequeno balanço, um boletim meteorológico interno: "Olha só! Hoje meu pequeno eu está agitado demais. Não me sinto nada bem, estou hipersensível e, para que alguém me valorize, eu estaria pronto a rastejar".

Quando sentimos alegria, o ego se eclipsa. Ele não precisa mais provar o que quer que seja. Por isso, aborrecer-se com recriminações não serve para nada. Muito pelo contrário – a tendência seria exacerbar muito mais o pequeno eu. O caminho da libertação não passa por uma mortificação, mas, efetivamente, pela dádiva de si, pela alegria e pela comunhão. Repetir pequenos exercícios no dia a dia conduz a isso.

A ascese poderia começar privilegiando o *nós* mais do que o *eu*. Aliás, aprendi que em coreano não se diz "minha casa", mas "nossa casa". Sentir-se separado dos outros, isolado, acaba aumentando nosso mal-estar. Se levantamos de manhã com o único objetivo de impedir que nosso pequeno ego seja ferido, encontraremos obstáculos por toda parte. Por que não deixar de lado o erro de perspectiva induzido pelo egocentrismo?

Outro dia, minha filha brincava em um parque. De repente, ouvi gritos de dor, mas quando vi que não era minha filha que chorava, disse a mim mesmo: "Ufa, não é ela". Engraçado, havia ali vinte crianças e apenas uma me interessava de fato. Quantos seres vivos habitam a face da Terra? Que erro de cálculo e que falta de amor fazem com que eu me preocupe apenas com a minha pessoa, e com a *minha* família, negligenciando os outros bilhões de indivíduos que vivem em *nosso* planeta? Aliás, cedo ou tarde a vida se encarrega de me lembrar de que não sou o centro do mundo. ***Alexandre***

Emoções

As emoções inserem-se no patrimônio genético, nas sinapses cerebrais e, depois, são reforçadas pela educação e pelo meio cultural. Todas são úteis, mas raiva, tristeza, medo, ansiedade, vergonha têm funções bem precisas. Elas nos prestam serviços, desde que não alcancem patamares de intensidade muito fortes, que não durem muito tempo e que não se perca de vista sua finalidade. Ou seja, com a condição de estarmos conscientes de sua existência, de seus mecanismos e de sua influência sobre nós: é isso que se denomina inteligência emocional.

De um ponto de vista evolucionista, as emoções de tonalidade negativa, ou desagradável, são associadas a situações comumente perigosas que podem ameaçar a sobrevivência. A raiva permite intimidar o outro (e evitar assim um combate físico penoso); o medo nos faz evitar os perigos potenciais (na melhor das hipóteses, nos convida à prudência e, na pior, à fuga); a tristeza nos obriga a desacelerar para refletir etc.). Já as emoções consideradas positivas são associadas a situações de busca de recursos (alimento, repouso, trocas agradáveis, como os esportes e as relações sexuais). Mas o agradável nunca é prioritário em relação ao que é perigoso: na natureza, devemos cuidar do perigoso antes do agradável. Por essa razão, as emoções consideradas negativas têm uma espécie de supremacia potencial sobre as emoções positivas, em sua clareza, em sua intensidade, em sua força de explosão e, ao mesmo tempo, na captação de nossa atenção. Sem as emoções positivas, porém, não conseguiríamos sobreviver: são elas que em seguida desbloqueiam nosso olhar e nossa capacidade de nos ligar aos outros, de encontrar recursos, de inventar soluções; são o combustível para nosso progresso. Por isso, precisamos das duas. As emoções negativas são um pouco como os intensos bate-bocas que ocorrem nas reuniões de família – todos reagem rápido aos problemas, um grita mais alto do que o outro e logo tudo vem à tona. Mas, sem as emoções positivas, ninguém mais viria sentar-se à mesa de jantar, porque a situação logo teria virado um inferno. Como dizia Descartes na conclusão de seu *Tratado das paixões da alma*: "E agora que conhecemos todas as paixões, temos muito menos razão de temê-las do que tínhamos antes; pois percebemos que, por sua natureza, são todas positivas, e que não devemos evitar nada a não ser seu mau uso ou seus excessos".

Para ir mais além na compreensão das emoções, podemos considerá-las a partir de dois eixos – o eixo da valência (mais agradável ou desagradável), e o eixo da intensidade. Nesse segundo eixo, distinguem-se as emoções explosivas, quase incontroláveis quando se desencadeiam em nós, como a raiva e o medo; e os estados emocionais de intensidade mais baixa, que podem ser chamados de "humores" ou de "estados da alma", cuja importância é cada vez mais valorizada por muitos pesquisadores, pois expressam o essencial das sensações emocionais. As emoções fortes solicitam tanto em termos de energia física e psíquica, que não podemos nos permitir ficar sob seu domínio muitas vezes por dia – isso acabaria nos exaurindo e, sem dúvida, nos matando. Quando se pede a alguém que se lembre da última vez que se sentiu extremamente encolerizado, extremamente triste, extremamente preocupado, extremamente envergonhado ou talvez extremamente feliz, ele quase sempre tem dificuldade de identificar situações recentes. Ao contrário, é bem provável que desde que o dia começou todos nós já tenhamos vivenciado vários estados emocionais moderados, com um pouco de tristeza, um pouco de preocupação, um pouco de bom humor ou de alegria.

É importante detectar esses estados discretos: eles influenciam muito, já que representam uma espécie de terreno fértil que facilita a eclosão de emoções cada vez mais fortes e da totalidade de um sistema de pensamentos, de uma visão de mundo. Estar o tempo todo sob o domínio de emoções de ressentimento ou de irritação com os outros influencia a visão de mundo que terei e a maneira como vou me comportar socialmente. É por isso que encorajamos nossos pacientes a prestar atenção nessas emoções profundas e sutis, que surgem principalmente nas fases de prevenção das recaídas, de aprendizagem da arte do bem-estar, da arte do equilíbrio interior. Como tomar consciência desses estados emocionais? O que facilita muito são as práticas contemplativas e meditativas, mas existem outras formas de trabalho individual: manter um diário, fazer uma terapia cognitiva, que nos encoraja a estabelecer relações entre as situações que vivemos, as emoções que sentimos, os pensamentos que emergem naquele momento e os comportamentos que são a consequência dessa cadeia de causalidades. ***Christophe***

VER TAMBÉM *RAIVA*, *MEDO*.

TRÊS CONSELHOS DE CHRISTOPHE PARA UMA BOA GESTÃO DAS EMOÇÕES

- Vamos amar todas elas! Todas as nossas emoções são sinais de alerta de nossas necessidades. As emoções positivas nos avisam que nossas necessidades foram satisfeitas ou estão em vias de serem satisfeitas. As negativas são alertas de que não foram satisfeitas. Vamos escutá-las e então refletir sobre como agir melhor para o equilíbrio das necessidades fundamentais.
- Cultivemos as emoções agradáveis! Vamos tomar o cuidado de nutri-las muito além do que pedem nossos automatismos e hábitos. Alguns estudos mostraram que experimentar duas ou três vezes mais sentimentos agradáveis do que sentimentos desagradáveis representa um equilíbrio ideal e realista (não se pode estar sempre de bom humor).
- Não vamos perder a coragem! Uma das grandes questões da vida é trabalhar para manter o equilíbrio emocional. E regularmente teremos recaídas, seremos de novo vítimas de raivas absurdas, de angústias inadaptadas, de tristezas exageradas. Desde o início, é preciso integrar esse percurso repleto de deslizes. Por essa

razão, detesto provérbios como "Expulse a natureza, e ela retornará a galope", que garantem que, no fundo, ninguém jamais muda. Estamos num processo de aprendizagem, por isso devemos aceitar as "recaídas". Não há atalhos nesse caminho. Mas acabamos sempre chegando se continuarmos a andar.

Empatia

A empatia comporta dois aspectos: um afetivo e outro cognitivo. Empatia afetiva é a capacidade de entrar em ressonância emocional com os sentimentos de alguém, de tomar consciência de sua situação. Se o outro está alegre, eu mesmo sinto certa alegria. Se ele sofre, sofro com seu sofrimento. Essa empatia afetiva é um alerta sobre a natureza e a intensidade dos sentimentos do outro, principalmente o sofrimento.

A empatia cognitiva consiste em colocar-se no lugar do outro – o que eu sentiria se estivesse morrendo de fome ou sendo torturado numa prisão? – ou em imaginar o que o outro sente sem, no entanto, sentir a mesma coisa. Por exemplo, posso estar em um avião sentado ao lado de alguém que tem pavor de voar e ajudá-lo imaginando sua aflição, mas sem sentir o mesmo medo. Por isso, sem empatia fica difícil conhecer a situação do outro e importar-se com seu destino. A empatia não conduz necessariamente ao altruísmo – desejo de fazer o bem ao outro – e à compaixão – desejo de aliviar seu sofrimento.

Saber distinguir por si mesmo esses diferentes estados de espírito é essencial. Por exemplo, se eu por acaso sinto apenas empatia, mas sem que ela se manifeste em gestos de altruísmo e de compaixão, corro o sério risco de cair na angústia empática e na síndrome de *burnout*. Empatia é o efeito que o destino dos outros exerce sobre nós, enquanto amor altruísta e compaixão estão direcionados para os outros. A fim de não levar ao esgotamento emocional e ao desencorajamento, a empatia deve manifestar-se na vasta esfera do altruísmo. O amor altruísta age como um bálsamo para a angústia empática e culmina no desejo e na determinação de ajudar os que sofrem. No lugar de esgotar nossos recursos emocionais, ele reforça nossa coragem. ***Matthieu***

VER TAMBÉM *ALTRUÍSMO, COMPAIXÃO*.

Envelhecer

O movimento natural da morte do corpo chega depois de outro movimento natural denominado envelhecimento. Pessoalmente, jamais fui afetado pelos limites cronológicos decenais – 30 anos, 40 anos, 50 anos – mas muito mais pelas etapas na vida de meu corpo: quando comecei a perder os cabelos, quando os pelos da minha barba embranqueceram, quando comecei a não poder mais jogar rúgbi, a não poder mais praticar montanhismo, quando senti minhas primeiras dores articulares persistentes. Esse declínio do corpo me ensina o desapego, o que significa que todas essas pequenas limitações me forçam a aceitar o envelhecimento e me preparam para aceitar que um dia vou deixar meu corpo. Decidir envelhecer normalmente pode ajudar a ter menos medo da morte. Parece que o envelhecimento é feito para isto: para que no fim não se lamente deixar o corpo, já que ele se tornou fonte de complicações e sofrimentos, mais do que de prazeres. Retomaremos esse assunto quando eu fizer 90 anos. Se eu chegar lá. ***Christophe***

CONSELHO DE CHRISTOPHE
PARA ENVELHECER BEM

Vamos aceitar e amar nosso envelhecimento, vamos encará-lo como uma ajuda para não nos apegarmos ao corpo, como um meio de nos preparar para deixá-lo, sem mágoas, com serenidade, como algo que foi emprestado transitoriamente e que será reciclado para as gerações futuras.

Equanimidade

Não é impassibilidade, mas a capacidade de permanecer calmo apesar dos sobressaltos que a vida nos impõe. Falo da vida cotidiana: ter de lidar com as crianças que brigam mesmo sem ter dormido o suficiente e tendo preocupações no trabalho, perder o trem justo quando uma reunião urgente nos esperava no fim da viagem. Não é a grande equanimidade teórica que me interessa, mas sua irmã mais nova, a aplicação prática: não reagir com excesso de raiva ou de estresse às microagressões da vida. Isso exige trabalho e admiro aquelas e aqueles que conseguem. ***Christophe***

QUATRO CONSELHOS DE CHRISTOPHE
PARA SE TORNAR EQUÂNIME

- Como fazer? Sem dúvida, traçando um objetivo a cada dia, na hora da meditação ou da prece matinal.
- Pondo em prática automatismos simples: diante de um obstáculo, começar sempre pela respiração, dizendo a si mesmo que a vida é assim, que é desse jeito que as coisas são.
- Sempre voltar a pensar no que foi feito, seja lá o que for: se ficou nervoso, retornar ao nervosismo, desmontar suas engrenagens e imaginar o que fará da próxima vez. Se não ficou nervoso, retornar a esse não nervosismo (ou mesmo à sua calma) e compreender o que aconteceu.
- Achou simples demais? Tente um pouco e logo verá que não é bem assim. Mas que funciona, mesmo que o caminho para a completa equanimidade seja longo.

Escolha

A mudança interior exige muita humildade no fim das contas. Não se trata de fazer um giro de 360 graus, mas sim de ir mudando dia após dia, realizar pequenas ações, tentar fazer microescolhas. Quase todo dia sofro da "síndrome do amendoim". Basta comer um e logo preciso de outro, e o pacote não dura muito tempo. Bastaria não tocar nele para evitar facilmente esse comportamento aditivo. Como manter certa vigilância a fim de evitar cair nessas cruéis engrenagens e perceber quando surgem os perigos, as tentações? Mais do que as grandes resoluções, o que talvez nos liberte sejam esses micropassos, essa atenção focada no que desencadeia os velhos hábitos. Em minha opinião, o esforço consiste em subir de novo a montanha, sair dos círculos viciosos, diminuir as forças da inércia, escapar da resignação. Porque é a ação que ajuda a renunciar, a abandonar tudo. Quando perco um trem, em vez de desperdiçar um quarto de hora reclamando contra a SNCF [Sociedade Nacional de Estradas de Ferro] ou contra quem quer que seja, a verdadeira questão, o exercício espiritual, o gesto que ajuda a entrar na fluidez da vida, é encontrar um meio de tomar o próximo trem, interrompendo de maneira curta e grossa o blá-blá-blá neuronal e a rádio Mental FM que nunca resolvem nada. ***Alexandre***

Escuta

A escuta poderia ser definida como uma presença diante do outro durante a qual toda a atenção, toda a consciência, está voltada para o que a pessoa à frente está dizendo. Trata-se de uma atitude complexa, na qual se dá e se recebe, uma atitude de humildade, em que o outro conta mais do que nós. Os grandes narcisistas escutam mal e, nos momentos em que estamos ansiosos, eufóricos ou sobrecarregados por muitas preocupações centradas em nós mesmos, não somos capazes de uma escuta de qualidade. Mesmo que, às vezes, finjamos escutar!

Existem três mecanismos fundamentais na escuta: o respeito pela palavra do outro, o desapego e a capacidade de deixar-se sensibilizar.

Respeitar a palavra requer primeiro não julgar o que o outro diz enquanto o escutamos. E isso é bastante difícil! Automaticamente, temos a tendência de fazer um julgamento: apreciamos, não apreciamos, estamos de acordo, não estamos de acordo, consideramos aquilo justo ou falso, brilhante ou insensato. Difícil impedir que esse julgamento apareça na mente, mas, sempre que acontecer, registrá-lo na memória, desprender-se dele e fazer o melhor possível para retomar a verdadeira escuta. O outro movimento da escuta é o desapego, e foram meus pacientes que me ensinaram isso. Os grandes tímidos e os grandes ansiosos têm tanto medo de não estarem à altura de seu interlocutor que mal escutam, porque já estão preparando o que vão responder. Na verdadeira escuta, não se deve preparar a resposta, apenas escutar e desapegar-se. Às vezes, a sensação é de que essa posição é "arriscada", mas, a resposta será tão mais profunda e adequada quanto mais abandonarmos inteiramente a ideia de prepará-la. Esse desapego é também a condição de uma escuta sincera e verdadeira, na qual estamos prontos para nos sensibilizar, emocionar, sem julgamento, sem controle, sem desejo de dominar, sem nenhuma intenção final.

Meu temperamento introvertido sempre fez com que, sem esforço ou mérito, eu preferisse escutar a falar. Por isso, com o tempo e o trabalho, tenho constatado até que ponto pude melhorar minha capacidade de escuta, principalmente pela prática da meditação, que me ensinou a estar presente sem preparar as respostas, a me desapegar totalmente, a estar inteiro permeável e aberto às questões do outro. No meu ofício de terapeuta isso não é sempre evidente. Alguns estudos demonstram que, em média, os médicos interrompem o paciente ao fim de vinte ou trinta segundos: tendem a identificar logo os sintomas, a encontrar rapidamente as respostas para suas perguntas e a assumir o poder durante o atendimento. Vários colegas meus, velhos médicos generalistas muito experientes, me confessam que quase

todos os erros cometidos no atendimento dos pacientes são erros de escuta: não os deixamos falar o suficiente, não lhes fizemos muitas perguntas e os conduzimos cedo demais para onde acreditávamos que precisavam chegar. Todo mundo acha que tratar da saúde é fazer um diagnóstico, prescrever uma receita e aconselhar; que é receitar remédios e dar conselhos mais do que escutar. Aliás, é mais ou menos como ser pai e mãe: queremos dar conselhos aos filhos, educá-los, consolá-los, corrigi-los, mas temos a tendência de quase nunca escutá-los, de não deixar que falem quando seria valioso fazê-lo.
Christophe

TRÊS CONSELHOS DE CHRISTOPHE PARA ESCUTAR MELHOR

- Progride-se muito mais escutando do que falando. A palavra transforma porque nos força a explicar com mais exatidão nossas ideias, mas a escuta é mais potente ainda, pois ela nos abre para outros universos diferentes do nosso.
- Lembrar-se sempre de que escutar é doar. Não é somente dar respostas, mas sim dar a presença.
- Para uma boa escuta, precisamos nos livrar, mesmo que parcialmente, dos nossos medos (medo de não saber o que dizer, de não ter respostas para dar), das nossas próprias certezas, do nosso cansaço.

Esforços

É claro que, para fazer esforços, precisamos de uma boa motivação e de um objetivo, que devem ser examinados com discernimento. Podemos ambicionar ser ricos, poderosos e célebres e, vinte anos depois, ficar bem decepcionados, pois nada disso nos trouxe o menor sentimento de plenitude. De fato, se procuramos realizar nossa ambição sem refletir sobre ela, corremos o risco de ficar prisioneiros de objetivos pouco dignos de nossos esforços. Como lembra o budismo, "o resultado depende sempre da motivação". É importante perguntar a si mesmo: será que faço esses esforços para mim mesmo de modo totalmente egoísta? Com os outros? Para os outros? Ou em detrimento dos outros? Todos esses esforços valem a pena? Vão me proporcionar uma satisfação profunda? Se viso ao bem do outro, este bem deve ser apenas para alguns ou para o maior número de pessoas possível? A curto ou longo prazo? A intenção determina a direção e a magnitude de nosso entusiasmo.

Uma vez no caminho, é preciso encontrar um equilíbrio entre a tensão e a frouxidão. Buda contava a história de um de seus discípulos que não conseguia dosar seus esforços: "Há momentos em que não tenho absolutamente nenhuma motivação; fico tão relaxado que nada acontece. Em outros, fico tão tenso que não consigo meditar". Ele era tocador de vina, uma espécie de cítara. "Como você afina seu instrumento para tirar dele um som tão belo?", perguntou Buda. E o músico respondeu: "Faço com que as cordas não fiquem nem muito tensas, nem muito frouxas". "O mesmo acontece na meditação", concluiu Buda. O relaxamento pode tornar a mente confusa; o esforço excessivo pode cansá-la e agitá-la. Esses dois extremos são muito contraproducentes.

Na psicologia contemporânea, fala-se muito do ambiente adequado, necessário para entrar no estado de "fluxo", definido pelo psicólogo Mihaly Csikszentmihalyi como uma profunda absorção da ação. As ações, os movimentos e os pensamentos se encadeiam com fluidez, não se sente o tempo passar, a fadiga e a consciência de si se atenuam. Para entrar no fluxo, é preciso que a tarefa não seja nem muito difícil, senão a tensão sobrevém, nem fácil demais, senão é o tédio que nos incomoda. A continuidade do fluxo é sentida como uma experiência muito satisfatória, que valoriza intensamente o momento presente. Podemos entrar no fluxo também sem o suporte de uma atividade exterior. A contemplação da presença desperta, da natureza da mente, por exemplo, é uma experiência profunda e fértil que se assemelha ao fluxo. Nesse caso, também a anulação do eu é total, e isso é uma fonte de paz interior e abertura para os outros. Aos 80 anos, o psicólogo Mihaly Csikszentmihalyi, que encontrei em diversas ocasiões, emana uma gentileza natural e serena. Ele coloca em prática tudo o que ensina. É encorajador.

Portanto, é preciso encontrar um equilíbrio entre o esforço e o relaxamento, pois isso nos permitirá progredir melhor. Artistas e artesãos sabem muito bem que o "excesso de esforço" e a superexcitação podem sabotar sua obra – como diz o provérbio "A paciência leva ao sucesso; a precipitação não leva a nada". Recordo-me de um piquenique no campo, após um retiro de verão de 45 dias em nosso monastério no Nepal. Os monges mais jovens haviam organizado uma corrida. Eu tinha trinta anos a mais do que eles. Achei que teria meus momentos de glória, corri como um alucinado durante os dez primeiros metros gritando "yupi". Que fique bem entendido, todo mundo me alcançou e me ultrapassou. No final da corrida, fui o melhor último colocado! ***Matthieu***

QUATRO CONSELHOS DE MATTHIEU
PARA GERIR NOSSOS ESFORÇOS

- Fazer esforços regulares e perseverantes. Gota a gota, acabamos enchendo um grande copo.
- Ter uma relação benevolente consigo mesmo. Não se revoltar contra as próprias limitações, não se condenar por não ter feito mais do que era possível e manter a coragem quando uma tentativa fracassa.
- Não subestimar o potencial de transformação da mente, permanecer sempre aberto para a profusão de alternativas existentes, ter a flexibilidade de mudar de direção sempre que necessário,

encontrar a serenidade dentro de você mesmo quando o fracasso for inevitável. Ninguém pode nos privar da liberdade de sentir paz interior.

- Cultivar o amor altruísta, que coloca em perspectiva as imprevisibilidades da nossa própria existência.

Esforços alegres

Por que diabos alguém tem de consumir-se até a exaustão para desenvolver-se, crescer, conquistar a grande saúde e a sabedoria? Insistir na necessidade do esforço decerto não é fazer apologia da calamitosa expressão inglesa "*no pain, no gain*" (sem sofrimento, não há ganhos). Esse refrão pode revelar-se totalmente desastroso. De forma categórica, Spinoza me liberta e jamais deixo de citar as palavras finais de *Ética a Nicômaco*: "E como a potência humana para refrear os afetos consiste exclusivamente no intelecto, ninguém desfruta, pois, da alegria dessa Beatitude porque refreou seus afetos, mas, em vez disso, o poder de refrear os apetites lúbricos é que provém da própria Beatitude". O filósofo acrescenta ainda que essa via é tão árdua quanto rara, razão da necessidade de perseverar. Razão também do alerta de Sêneca: ninguém pode se curar se ficar trocando a toda hora de tratamento e de remédios. Quais são então os pilares da ascese e como se empenhar nas próprias práticas? ***Alexandre***

VER TAMBÉM *ASCESE*.

QUATRO CONSELHOS DE ALEXANDRE
PARA COLOCAR A ALEGRIA NO ESFORÇO

- O bem-aventurado Buda Shakyamuni, um médico genial, fala do "esforço justo". Antes mesmo de iniciar o caminho, e a fim de me proteger de qualquer tipo de esgotamento, não seria bom perguntar o que motiva minha prática, de onde tiro forças para avançar, e como alimento meu esforço para que ele não seja em vão?

- Sentir satisfação na ascese. O que precipita alguém no abismo das paixões enganosas é sem dúvida a incapacidade de fazer o bem a si mesmo, de realmente se encantar. No *Sutra da Liberdade Inconcebível*, Vimalakirti enaltece o prazer do praticante. Sim, existe uma alegria em dedicar-se à virtude, em desligar-se dos objetos atraentes, em esquecer os rancores, em abolir as emoções negativas. Vamos mergulhar nessas voluptuosidades sem moderação!
- Apresse-se gentilmente em repousar. Fazer esforços, mantê-los ao longo do tempo, correr a maratona da existência, tudo isso exige a audácia inconcebível de parar, de conceder-se pausas, de tentar a não luta se não quiser acabar exaurido. Se quiser começar uma ascese, é bom fazer a pergunta libertadora: O que me acalma de verdade? Como relaxar minhas tensões?
- Procurar a companhia dos bons amigos. A trajetória é repleta de combates que nos desolam, nos esgotam e nos deixam exangues. Sozinhos, somos invadidos pelo desencorajamento, incapazes de sair da situação. Compartilhar as dificuldades com os outros, confessar suas recaídas, abrir-se com toda a transparência e preencher juntos a caixa de ferramentas é um poderoso antídoto contra o desespero e contra a severidade com a qual, às vezes, nos julgamos.

Esperar

Certo dia, eu estava sentado já fazia algum tempo numa sala de espera junto com dois amigos, um deles, por sinal, praticante de meditação de longa data. O outro amigo ali sentado então disse: "Lamento por você ter de ficar esperando tanto tempo". O amigo que meditava replicou: "Mas não estou esperando nada". O que ele queria dizer é que não estava frustrado pelo longo tempo de espera, pois sua mente tinha se desligado da expectativa de algo que não acontecia. É preciso saber estar em paz na clareza do momento presente, no qual não existe expectativa.

Mas existe outra forma de expectativa, de tom mais grave, que não consiste apenas em diminuir a densidade do tédio, mas sim em preparar-se na prática para o anúncio de uma boa ou de uma má notícia, no caso de um exame médico, por exemplo. Para tanto, é necessário ampliar o espaço de liberdade interior. ***Matthieu***

Ética

Todo dia a existência nos oferece escolhas por vezes cornelianas, baseadas na vontade, no heroísmo, na grandeza da alma, na integridade. A que e a quem dar ouvidos? Aonde ir? Que fazer? Em linhas gerais, a ética consiste em *tornar o homem e a mulher* em pessoas melhores, para que cresçam aperfeiçoando-se juntos, fazendo florescer todos os recursos que habitam no seu coração. Traduz-se na arte de viver, na ascese, em exercícios espirituais que nos guiam e nos conduzem na direção de uma vida feliz. Tentar praticar a virtude, buscar o caminho, é acreditar, como Aristóteles, que é para a felicidade, esse bem soberano, que nossas ações devem convergir. Se vivo em sociedade, e não no fundo de uma choupana, é porque penso que juntos todos nós podemos alcançar uma alegria, uma paz, uma grandeza que eu não poderia conseguir sozinho. Ver na moral apenas uma camisa de força, uma pilha de instruções que nos perturbam, é esquecer que ninguém pode viver bem na anarquia. Várias perguntas surgem a partir daí: O que me leva a me aproximar dos outros? Por que vivo em companhia de meus *congêneres*? Por medo, por horror da solidão, por curiosidade, ou por amor, para me doar ao outro? Como demonstrou Freud, viver em sociedade exige um sacrifício pulsional. Não posso estrangular minha vizinha quando ela bate a porta na minha cara, nem vandalizar a biblioteca do bairro, nem participar de um arrastão na confeitaria da esquina. Existem leis, regras a serem respeitadas.

Mas ética e moral não podem ser reduzidas à simples obediência a uma regra exterior. Devem ter sua raiz, sua origem, na interioridade, no âmago do ser. Poderíamos evocar Kant e sua moral do dever. Todos conhecem seu célebre imperativo categórico: "Aja de tal maneira que sua ação possa ser convertida em lei universal". Mas que fazer com os casos particulares? Se não devo mentir, qual seria a ação justa se durante a guerra eu tivesse abrigado judeus e a Gestapo me perguntasse se eu escondia fugitivos ou não? Sem destruir o kantismo, que é bem mais complexo do que se imagina, o que se constata é que não existem regras rígidas que compartimentalizariam nossa vida e, como diria o Dalai Lama, fariam de nós seres mecânicos, meros robôs.

Ao lado da concepção moral de Kant, existe a opção consequencialista. Em resumo, numa escolha, a alternativa justa é aquela que gera as melhores consequências. Como evitar, então, de perder-se em coisas mesquinhas? Nos anos 1960, a filósofa britânica Philippa Foot deu um famoso exemplo, que depois seria retomado por Judith Jarvis Thomson, uma de suas colegas. Imaginemos um bonde em alta velocidade e cinco pessoas que têm a infelicidade de encontrar-se em seu trajeto. Uma iniciativa pode salvá-las. Não muito longe dali, há uma ponte e sobre ela um homem de compleição forte. Bastaria empurrar "acidentalmente" o homem para que, na queda, ele acionasse a alavanca de mudança de curso e desviasse o bonde desgovernado, evitando assim a morte de cinco inocentes. É claro que haveria um efeito colateral – a morte desse bravo homem. Que escolher? Por qual alternativa optar? Poupar cinco vidas, sacrificando aquele infeliz ou jamais considerar quem quer que seja como um meio, a exemplo de Kant? O que se observa é que o cálculo puramente racional nem sempre leva a uma solução. A propósito, o que seria uma solução ideal?

Sem optar entre kantismo e consequencialismo, vemos que uma das bases da ética e da moral (por que distinguir a qualquer preço esses dois termos?) consiste em tornar-se disponível, em renunciar ao seu ponto de vista mesquinho. Somos capazes de virar verdadeiros aiatolás de nossa visão de mundo, de impô-la, de sair numa cruzada, de virar prosélitos de nosso sistema de avaliações. Entre um relativismo descerebrado e a absolutização frenética de nossos julgamentos, prefiro apostar que existe um lugar para a liberdade, a caridade, a compaixão.

Quanto aos valores, aos julgamentos morais, ao bem e ao mal, em *Assim falou Zaratustra*, Nietzsche fala das três metamorfoses. Primeiro vem o camelo, besta de carga que se ajoelha, se curva sob o peso dos fardos, que se impõe deveres e ainda pede mais, como se diz por aí. Depois vem o leão, que ruge, se insurge, se revolta, quebra as tábuas das leis. Na alegoria nietzschiana, por último, vem a criança, que brinca com o mundo, que recupera a inocência do devir, que cria. A inocência do devir... esse é o horizonte que se descortina quando a falsa culpa, os ideais, os julgamentos implacáveis podem nos paralisar. A liberdade do ser humano perde-se entre as tentativas de reduzir a ação a modelos e esquemas. Não existem manuais para agir bem. Somos sempre convidados a nos aprofundar mais, a chegar ao mais íntimo de nosso interior para escutar a bússola interna. Em que prestamos atenção de manhã, de tarde e de noite? Em mandamentos importados? Na voz de um ego ferido? Aceitar os desafios éticos, tentar encontrar a via da liberdade, não é desobedecer aos desejos do eu e tornar-se disponível para seguir a bússola interior, que abre um amplo espaço para o outro e não pode fechar-se em si mesma? ***Alexandre***

VER TAMBÉM *MORAL*.

O CONSELHO DE ALEXANDRE: FAZER A NÓS MESMOS UMA PERGUNTA ÉTICA POR EXCELÊNCIA

- O que é uma vida boa? A que aspiramos no âmago do nosso ser? Por que não praticar um exercício estoico e nos imaginar no próprio leito de morte? O que realmente tem valor em nossa existência? Quais comportamentos, quais ações representam a quintessência do que somos?

Experiência

Não é o sofrimento que enobrece, mas *o que fazemos com ele*. Desconfio como da peste das narrativas que justificam depressa demais as experiências. Isso é esquecer que a dor pode azedar e até mesmo matar um coração. Para mim, longe de ser um fardo, a doença física pode tornar-se um fabuloso lugar de exercícios. Se considero a doença uma punição, a solução é logo dar um tiro em mim mesmo. Melhor olhar para ela como um caminho possível rumo à sabedoria. Há dias em que, mesmo tendo de aceitar a deficiência física tal qual é – uma calamidade –, descubro nela uma chance para me tornar uma pessoa mais alegre e livre. Vejo claramente que, sem uma prática espiritual, vou ter problemas. Em resumo, a deficiência física me faz perceber a urgência de mudar, de procurar refúgio bem no fundo de mim mesmo, longe dos rótulos, das aparências, para todo dia ir à escola. ***Alexandre***

F

Fadiga

É mais fácil ser sábio quando o corpo está em forma: quando se dormiu bem, a barriga está cheia e o corpo não vive em sofrimento. O corpo sereno facilita a sabedoria. É por isso que a meditação da atenção plena ajuda, pois ela ensina a compreender, a respeitar, a amar o próprio corpo. Daí a importância de cuidar dos detalhes, como o nível glicêmico, quando se precisa usar determinadas capacidades (tomar decisões, paciência, perseverança, impulsos...). Os mais bem-dotados podem ser sábios mesmo nas piores condições materiais. Os menos dotados, como eu, precisam de um pouco de paz corporal ou de saber que em certos momentos – de carência, de sofrimento ou de doença – seu corpo perturbará sua sabedoria em lugar de amplificá-la. ***Christophe***

Falsos bens

Os filósofos antigos falavam dos falsos bens para designar tudo aquilo que não pode satisfazer de modo permanente: reconhecimento, honra, fama, prazeres desenfreados, riqueza.

Impossível encontrar a sabedoria desse lado. ***Alexandre***

Fatalismo

Dentro de um hospital, um homem me deu uma lição estimulante. Acometido de câncer, ele arrastava um suporte de soro. Dando uma tragada no cigarro, olhou para mim e disse: "Perdido por perdido, sabe como é...". Como desobedecer a esse pessimismo inato, a esse fatalismo resignado e introduzir uma chispa de liberdade nos próprios desejos e apetites que nos governam? Um brilhante e magnífico desafio! ***Alexandre***

Felicidade

A felicidade não é o objetivo, mas a consequência da sabedoria: curiosidade, recolhimento, benevolência, amor pelo mundo, pelos seres humanos e pela vida... se tudo isso não ajudar a ser feliz! Pois a felicidade, assim como o sono e todas as emoções, é um estado emergente: não pode ser convocada, nem decretada, mas pode ser facilitada. Reunimos as condições favoráveis para sua chegada, e as chances de ela acontecer aumentam. Mas e se ela não chegar? Bem, não é tão grave assim: a sabedoria é interessante mesmo quando não é fonte imediata de felicidade (penso na sabedoria, que muitas vezes conduz à lucidez, e nos ensinamentos da decepção). ***Christophe***

VER TAMBÉM *ALEGRIA*, *OTIMISMO*.

Filosofia

Com toda franqueza de que era capaz, Montesquieu escreveu: "É extraordinário que toda a filosofia se resuma nestas três palavras: 'Não me importo'". Existem diversas maneiras de entender isso. Escolher deliberadamente não se envolver e manter-se bem longe de qualquer especulação. As palavras do autor de *Cartas Persas* me fazem pensar nas três iniciais que Chogyam Trungpa sempre usava: EPL ("Estou pouco me lixando"). Outra versão da pasta NDI [ver verbete "NDI (nada disso me importa)"]. O mestre tibetano dizia com frequência que, com exceção do Dharma, que é o caminho interior e a compaixão, não existe nada de essencial, nada que seja vital. Magnífico convite ao desapego, para fazer essas sábias palavras ecoarem em nosso coração, assim que a máquina de fabricar angústias engatar o motor.

Segundo Diógenes Laércio, teria sido Pitágoras quem inventou o termo "filosofia". No mesmo caminho do sábio, aquele que conhece e desfruta da paz, da tranquilidade, da famosa *ataraxia*, segue junto o filósofo, aquele que literalmente ama a sabedoria. Sua aspiração é alcançá-la e, usando tudo o que tem à mão, ele avança nessa direção. Um famoso trecho da *Lógica* de Kant resume as grandes questões da vida: Que posso saber? Que devo fazer? O que me é permitido esperar? O que é o ser humano?

Filosofar é transformar-se, é mudar de direção, é renovar-se, é abraçar uma arte de viver totalmente direcionada para um *ad vitam sapienter instituendam*, para construir uma existência sábia, como diria Spinoza.

Nessa aventura, foi Jeanne Hersch quem me lançou uma verdadeira boia de salvação. Com seu famoso coque no cabelo, a filósofa suíça retraçou a história do pensamento filosófico ocidental em seu maravilhoso livro *L'Étonnement philosophique* [O fascínio filosófico]. Foi o primeiro livro de filosofia que caiu nas minhas mãos, depois dos fragmentos de Platão. Em dado sentido esse livro me salvou. Durante dias, fingindo estar em agonia, cheguei até mesmo a simular certa palidez só para poder degustar aquelas páginas encantadoras. Nelas descobri novos companheiros de trajeto: Sócrates, Aristóteles, Santo Agostinho, Spinoza, Kierkegaard, Nietzsche e todo esse alegre bando de gente que tornava a vida tão mais bela, tão leve, sem negar absolutamente seu caráter trágico.

Se eu tivesse de resumir o caminho espiritual em uma única frase, eu me voltaria para o lado de Spinoza, que sempre aconselha: "Fazer o bem e manter a alegria". ***Alexandre***

VER TAMBÉM *SÓCRATES, CHOGYAM TRUNGPA*.

Força

Nas veredas caóticas que conduzem, passo a passo, rumo à paz, patino sem jamais avançar. Por isso, Etty Hillesum me serve de tábua de salvação. Diante da certeza da morte no campo de concentração, ela encontrou a liberdade interior, quaisquer que fossem as circunstâncias, para alimentar uma convicção: "Eu terei força". Não se trata de um otimismo cego, tampouco de um Método Coué reinterpretado, mas a certeza de que, mesmo no meio dos maiores sofrimentos, bem no lá fundo de nós existe uma parte intocável, que nada, absolutamente nada, pode destruir ou macular. Mas no meio da aventura humana e de suas vicissitudes, como fazer para não esquecer esse mistério? ***Alexandre***

VER TAMBÉM *HILLESUM (ETTY)*.

Fracassar

Como todo mundo, prefiro vencer e não fracassar; é mais agradável, mais satisfatório e mais recompensador. Quando penso nisso, porém, acredito que meus fracassos fizeram com que eu refletisse mais. Na verdade, preciso de ambos: da energia e da confiança propiciadas pela alegria dos sucessos; da prudência e do trabalho impostos pelo desconforto dos fracassos. ***Christophe***

Fragilidade

Para mim é uma espécie de libertação constatar que tudo no mundo é frágil. Por causa disso posso renunciar alegremente à estabilidade, à solidez, e aprender a nadar no oceano da impermanência. ***Alexandre***

G

Gentileza

Existe uma tendência a considerar a gentileza como sinal de fraqueza; entretanto, para mim, são a arrogância e a agressividade que tipificam a fraqueza. No dia em que a sociedade designar como fracos não as pessoas gentis, mas sim os agressivos, os malvados, os arrogantes, aí sim teremos realmente avançado! Infelizmente, há culturas empresariais e culturas familiares cuja crença comum é a de que mostrar-se benevolente é colocar-se em perigo. Tenho um amigo, professor de medicina, cujo lema é: "Se for nadar com tubarões, não sangre de jeito nenhum". Para ele, se eu me mostrasse gentil, era porque tinha renunciado à minha carreira acadêmica e já não estava mais em competição com ninguém. Ele achava que, com o nível de responsabilidades que tinha, ser gentil era impossível. Talvez tivesse razão. É verdade que existem lugares em que agir com gentileza e benevolência não é nada fácil.

O mal-entendido em torno da gentileza, sentida como fraqueza, também me faz pensar no livro de Thomas d'Ansembourg, *Deixe de ser bonzinho e seja verdadeiro*. Tenho enormes problemas com esse título, embora o livro seja bom, eu goste muito do autor, e ele responda à necessidade que as pessoas têm de compreender que não existe nada como a gentileza para mudar o mundo. Por quê? Porque de certa forma esse título encoraja todo mundo a substituir a gentileza por uma espécie de autenticidade, que de fato dispensaria essa gentileza. No caso dos meus pacientes tímidos e fóbicos sociais que sofrem do sentimento de "serem enganados" porque são gentis demais e acham que a única solução é serem menos gentis, tento explicar que esse modo de agir não é exatamente unidimensional. É falso pensar que, quando se favorece mais o lado da gentileza, você automaticamente perde o lado da força. Em outras palavras, podemos muito bem nos situar num nível elevado nas duas dimensões: em níveis elevados de gentileza e de força! E, sobretudo, não é para diminuir em nada a gentileza, mas para trabalhar mais a própria assertividade. ***Christophe***

Grande saúde

Conviver com uma deficiência, lidar com uma doença crônica, um problema psíquico ou uma ferida que resiste a qualquer tratamento, exige com certeza uma arte de viver e das mais resilientes. O que talvez ajude o aspirante é a ideia da *grande saúde*. Em *A Gaia Ciência*, Nietzsche evoca esse conhecimento, essa capacidade de aceitar os altos e os baixos da vida. Às vezes, quando saio do médico e não há absolutamente nada a fazer para que eu me sinta melhor, digo a mim mesmo que é bem aí que começa o desafio. A grande saúde deixa muita gente de fora. Diante da impotência, a fim de não desistir de tudo para sempre, é vital criar uma dinâmica de vida. Que posso fazer? Que atitudes posso tomar aqui e agora para que o mal não triunfe, para que minha vida continue a fluir da mais bela maneira possível? Todo dia, o primeiro pensamento que me vem à mente é um desanimador "Não tenho vontade de mais nada". Estou farto desse estado de fadiga permanente, das dificuldades que não vão necessariamente arranjar-se, das zombarias que terei de aguentar. Será que existe uma brecha de liberdade possível no meio desse caos? E não adicionar a esse estado mais um item, o de não ter vontade de ter vontade, para experimentar uma arte de viver que permita a cada instante fazer o melhor e manter a alegria.

Por outro lado, Nietzsche, que conviveu com a doença durante toda a sua vida, nos ensina que a questão do clima e do lugar que escolhemos para morar é essencial à "grande saúde". Além disso, o filósofo nos previne contra a vida sedentária, um verdadeiro pecado contra a mente, que, segundo suas próprias palavras, nos predispõe aos preconceitos. Adoro quando ele nos aconselha a ficar sentados o menor tempo possível, a nutrir nossas ideias ao ar livre, a fazer a vida circular. Na opinião dele, a escolha dos alimentos, do clima, do lugar em que vivemos, bem como das formas de recreação que adotamos são cruciais. Embora o mal-estar nos acompanhe, talvez existam espaços mais propícios para acabar com ele. Também somos um corpo, uma fisiologia, somos músculos, nervos, paixões e desejos. Acreditar que somos seres separados da natureza, que não precisamos dela, é certamente dar um tiro no pé. ***Alexandre***

VER TAMBÉM *CAOS, NIETZSCHE (FRIEDRICH).*

H

Hillesum (Etty)

Essa jovem fora do comum, assassinada pelos nazistas em 1943, em Auschwitz, deixou-nos um diário redigido no campo de concentração, no qual expressava talvez o que se considera a maior demonstração de sabedoria no meio da maior das adversidades. A benevolência constante pelo gênero humano, a coragem na vida cotidiana. Existem, como ela, os superdotados de sabedoria: não se desencorajar nunca, mas segui-los da melhor maneira possível, mesmo de longe, e avançar no longo caminho que eles abrem diante de nós. Etty escreveu em seu diário: "Existe em mim um poço muito profundo. E Deus habita nesse poço. Algumas vezes consigo me encontrar com ele; na maioria das vezes as pedras e a areia o recobrem: então Deus fica enterrado. Preciso novamente desenterrá-lo". Se substituirmos Deus pela Sabedoria, teremos o mesmo trabalho infatigável de retirada dos escombros.

Ela fala ainda do contágio e da exemplaridade: "Nossa única obrigação moral é cultivar em nós mesmos vastas clareiras de paz e ampliá-las cada vez mais até que essa paz se irradie para os outros. Quanto mais paz existir nos seres, mais paz existirá também nesse mundo em ebulição". Alguns julgaram Etty Hillesum apenas uma mística, uma mulher meio louca por não ter se revoltado, pelo menos em pensamento, contra os horrores nazistas. Ela escolheu deliberadamente outro caminho. Quem tem o direito de julgá-la por isso? ***Christophe***

Humildade

Humildade é uma forma de libertação. Ela nos faz aceitar nossas fragilidades e insuficiências; assim, deixamos de querer mascará-las incessantemente diante dos outros. A humildade nos poupa do exibicionismo, da obsessão do julgamento social, já que não procuramos mais nem ocultar nossos limites, nem fazer propaganda deles (como na falsa modéstia). Nosso amigo André Comte-Sponville tem uma bela definição: "O homem humilde não se julga inferior aos outros, pois deixou de considerar-se superior". Por força da humildade, renunciamos à competição dos egos e à autopromoção: sabemos muito bem que existem muito mais coisas que ignoramos do que conhecemos, e sobretudo temos muito mais interesse no que resta para aprender e descobrir do que naquilo que já sabemos.

Além do mais, a humildade tem uma vantagem quando comparada ao materialismo, cujo único interesse é nos fazer acreditar que somos perfeitos – "Vocês são fantásticos!", "Acima de tudo, sejam vocês mesmos!" –, que existem respostas para tudo, que tudo pode ter uma solução fácil sem exigir muito esforço –"Tem vontade de comprar alguma coisa? Faça um crédito e compre!", "Tem vontade de comer algo muito doce, mas tem diabetes? Tudo bem, tome remédios para baixar a glicemia e continue a ingerir todo o açúcar que quiser; é tão bom!". Se dermos ouvidos a esse gênero de apelos sedutores, que querem nos fazer acreditar que somos livres porque fazemos o que desejamos (o que na realidade nos fazem desejar), logo ficaremos paralisados por essas correntes. É também nesse combate que a humildade pode nos ajudar: não; eu não sou maravilhoso nem excepcional; sou uma pessoa normal, frágil e manipulável como todo mundo. Tenho interesse em manter os olhos bem abertos diante das bajulações, principalmente daquelas que vêm da publicidade e dos vendedores de adicções. ***Christophe***

I

Ideal

Ideal é um objetivo magnífico e intimidante. Atingi-lo não é forçosamente necessário ou possível. O ideal é benéfico quando continua a ser uma fonte de inspiração para o progresso pessoal, mas é tóxico quando vira pretexto para a desvalorização e a perseguição de si mesmo (no caso dos atormentados), ou dos outros (no caso dos fanáticos). Para muitos de nós, a sabedoria é muito mais um ideal do que uma realidade corriqueira, mas é um ideal que ajuda a avançar na direção de um objetivo que está ao nosso alcance: vamos nos esforçar todo dia a fim de sermos tão sábios quanto possível.
Christophe

Impaciência

Importante não confundir diligência, definida como alegria em forma de esforço, com precipitação, impaciência e obstinação. Conta-se a história de um discípulo que fez a seguinte pergunta a um mestre zen: "De quanto tempo preciso para alcançar o *satori* (Iluminação)? O mestre disse: "Trinta anos". Mas o discípulo insistiu: "E se eu tiver pressa?". E o mestre respondeu: "Nesse caso, cinquenta anos".
Matthieu

Imperfeito

Quem disse que é preciso ser perfeito para ser amado? A fragilidade é uma grande motivação para crescer. Diariamente, sem ficar me julgando o tempo todo, devo morrer, abandonar tudo, para renascer mais uma vez. Para quem sofre no cotidiano, é encorajador ver que nem a fraqueza, nem a fadiga, nem a doença ou a deficiência física, nem mesmo a maior imperfeição do mundo impedem alguém de sentir alegria. O exercício é tentar incansavelmente não se fixar no próprio problema. Tudo é efêmero, até mesmo o mal-estar. As palavras de Spinoza dizem o essencial e me servem de programa de vida: "Fazer o melhor e manter-se alegre". ***Alexandre***

Impermanência

A impermanência é constitutiva de todas as coisas: nada no universo permanece idêntico a si mesmo por dois instantes consecutivos. Dizem que, entre todos os ensinamentos do Buda, aqueles que enfatizam a impermanência de tudo são como a pegada do elefante na floresta: a maior de todas as pegadas. A reflexão sobre a morte e a impermanência são de fato o que nos leva mais intensamente à prática espiritual, pois nos estimula a extrair a quintessência da existência, em vez de arruiná-la com trivialidades. Dilgo Khyentse Rinpoche costumava contar a história de um sábio que viveu no começo do século XX, um iogue casado com uma mulher chamada Apu, de quem gostava muito. Às vezes ele dizia: "Se Apu desaparecer, não permanecerei muito tempo neste mundo". Um dia, enquanto ele estava ausente, Apu faleceu. Quando voltou, seus discípulos não ousavam contar-lhe a verdade. Finalmente, tomando coragem, disseram ao mestre: "Temos uma péssima notícia a dar: Apu está morta". O mestre olhou para eles por alguns instantes com uma espécie de comiseração e então respondeu: "Por que estão com esse ar consternado? Não compreenderam os ensinamentos sobre a impermanência e a fragilidade da vida humana que tantas vezes transmiti a vocês?". Estar plenamente consciente da realidade é a melhor maneira de não ficar em estado de choque quando ela chegar.

Se por acaso uma partícula qualquer do universo permanecesse idêntica a si mesma por dois instantes consecutivos, significa que ela teria escapado da impermanência. Nesse caso, ficaria eternamente cristalizada nesse estado. Ao distorcermos a realidade, ou seja, ao nos agarrarmos à ideia de que nós, nossos familiares e nossas propriedades deveriam durar para sempre, sem mudar, de que eles são verdadeiramente "nossos", alimentamos as causas do sofrimento. No fim das contas, mesmo que não queiramos abandonar nossas propriedades e nossa própria vida, serão elas que nos abandonarão! ***Matthieu***

VER TAMBÉM *EFÊMERO, CONTROLE*.

Incerteza

O cérebro humano não gosta da incerteza: como organizar a agenda sem saber o que pode acontecer no dia seguinte? Imaginando sempre o pior? Seria exaustivo. Esperando o melhor? Seria uma irresponsabilidade. Então, para planejar o futuro, fazemos cálculos, suposições, acabamos aceitando nossas hipóteses e no fim consideramos todas as realidades. Sabedoria seria, se eu inventar histórias, pelo menos estar sempre consciente de que sou eu que estou inventando: para fugir do desconforto da incerteza, não posso impedir meu cérebro nem de antecipar nem de imaginar as coisas, mas posso me impedir de acreditar nelas de olhos fechados. Como escreveu muito bem Paul Valéry em seu livro *Tal qual*: "A mente voa de tolice em tolice assim como o pássaro voa de galho em galho. Ela não pode fazer outra coisa. O essencial é não se fixar em nenhuma delas". Sabedoria seria dizer a si mesmo: "Não sei nada e, como não sei, não vou ficar inventando histórias". Isso evitaria muitas preocupações e ressentimentos inúteis. ***Christophe***

Instrumentalização da meditação

A meditação pode ser utilizada com fins egoístas se não for ensinada como uma prática de motivação altruísta. Para compreender os riscos envolvidos em não cultivar especificamente a benevolência, vamos usar dois exemplos caricaturais, mas reveladores: o atirador de elite e o psicopata. Se nos contentarmos com a definição técnica da meditação da atenção plena – "manter a atenção fixa no momento presente, na experiência que acontece instante após instante, sem fazer qualquer julgamento" –, então o atirador de elite, cuja missão é matar alguém, deve permanecer no momento presente, sem se distrair, sem se perturbar com suas emoções. Ele não faz julgamento nem se pergunta se é bom ou não matar alguém. Um psicopata também pode estar concentrado no momento presente, sem fazer julgamento, a fim de instrumentalizar os outros sem misericórdia. Entretanto, não existem nem atiradores de elite nem psicopatas benevolentes. Por isso, falar de "atenção plena benevolente" não é querer complicar as coisas, mas sim evitar o uso e a exploração da meditação com fins puramente utilitários e até mesmo negativos. Está claro que os programas MBSR [Mindfulness-Based Stress Reduction – redução do estresse baseada na atenção plena], MBCT [Mindfulness-Based Cognitive Therapy – terapia baseada na atenção plena] e outras intervenções bem concebidas incluem um componente essencial de benevolência, mas hoje em dia uma infinidade de iniciativas surgem de todo lado. É melhor prevenir do que remediar. ***Matthieu***

Inteligência

É a capacidade de compreender o mundo e de resolver problemas, mas é constituída apenas de conhecimento e de saber: existem os eruditos (ou "sabidos", como se diz hoje em dia para criticá-los e para lembrar os limites de um saber estático e fechado em si mesmo), mas isso não significa que esses eruditos sejam forçosamente muito inteligentes.

As raízes latinas da palavra nos esclarecem: "*inter-legere*" é fazer a ligação das informações entre si. A inteligência permite compreender o mundo a partir das ligações que fazemos entre as coisas que vemos: o macaco que utiliza um galho para pegar cupins fez uma ligação do galho com o cupinzeiro e deu provas de inteligência. Por isso, para ser inteligente, é preciso olhar ao redor e, se possível, prestar atenção em tudo, não só no que está perto, no que é evidente, habitual, não apenas no que nos convém. A inteligência depende de uma total abertura para o mundo. Mas existem tantas coisas a ver e religar umas com as outras!

Portanto, é preciso em seguida triar e escolher outra função da inteligência, aquela que fez a filósofa Simone Weil ao escrever: "A inteligência não tem de encontrar nada; só tem de desobstruir o caminho. Ela só é boa para tarefas servis". Concordo que a inteligência sirva para desobstruir e liberar a mente de tudo o que é inútil e ruidoso, compreendemos muito bem o que isso significa hoje: proteger-se do excesso de solicitações, informações, estímulos e intrusões redundantes e inúteis da sociedade de consumo e de manipulação. Mas "boa só para as tarefas servis"? Isso é porque a inteligência não tem nem moral nem valores, pois não passa de um instrumento. Existem vigaristas e canalhas inteligentes. O escritor e filósofo Paul Nizan pensava da seguinte maneira: "Ela serve para tudo, é boa para tudo, é dócil a tudo... Inteligência é útil para o verdadeiro, para o falso, para a paz, para a guerra, para o ódio, para o amor". É por isso que um sábio é forçosamente inteligente, e que uma pessoa pode ser inteligente e não ser sábia: por exemplo, se não for habitada pela benevolência com seu próximo. ***Christophe***

Inteligência artificial

A inteligência artificial (IA) nos torna mais sábios? Amplia a consciência? É bom lembrar que os algoritmos são o motor da IA. Algoritmo pode ser definido como um conjunto de regras que permite calcular e determinar o encadeamento das ações necessárias ao cumprimento de determinada tarefa. Desenvolvimentos recentes no campo da IA permitem não apenas resolver tarefas complexas, compor música parecida à de J. S. Bach, vencer Gary Kasparov no jogo de xadrez ou aprender a jogar outros jogos a partir de regras fornecidas pelo sistema. Há pouco tempo, um programa de IA aprendeu em três dias a dominar completamente a estratégia do jogo chinês go e derrotar 100% das vezes um outro computador que já havia vencido o campeão mundial desse jogo. Esse segundo computador não aprendia, mas tinha memorizado previamente milhares de partidas do jogo e dispunha de uma fenomenal capacidade de cálculo.

Hoje em dia, em casos complexos de câncer, por exemplo, a IA é capaz de fazer diagnósticos médicos mais exatos e valiosos do que os melhores especialistas. É bastante provável que num futuro próximo a IA substitua o homem na execução de inúmeras tarefas que hoje necessitam da intervenção da inteligência humana. Por outro lado, esse tipo de "inteligência" não tem muita coisa a ver com consciência. A IA não "perde" nem "ganha", não fica alegre, nem triste, tampouco se maravilha com a música de Bach que ela executa sem saber. Ela não tem nada a ver com um ser consciente capaz de observar a natureza essencial de sua mente, de livrar-se do ódio e da ambição, de buscar a liberdade interior, de desfrutar do sentimento de plenitude. Em outras palavras, a IA não é um ser, mas um modo de cálculo. Costumamos confundir as duas coisas.

Todo mundo pode facilmente confundir o "penso, logo existo" de Descartes com o "calculo, logo existo", embora de um ponto de vista fenomenológico, seria mais apropriado dizer "sou consciente, logo existo". Comparada à natureza fundamental da consciência, ao puro despertar destituído de fabricações mentais, a inteligência artificial não é nada, absolutamente nada. Mais do que nunca, o advento da IA enfatiza a diferença fundamental entre "inteligência" e "consciência". Caminhar sob o orvalho matinal, meditar sobre a natureza luminosa da mente, maravilhar-se com uma paisagem sublime, emocionar-se com o olhar inocente de uma criança, chorar copiosamente, amar, doar, receber, compartilhar, ajudar os que sofrem, viver dignamente... Pobre IA! Não conhece nada disso. Nada mais maravilhoso do que a consciência humana, tão plena de riquezas e profundidade. E depois, que uma boa morte seja o coroamento de uma bela vida!

Além disso, a IA é baseada na utilização de uma massa colossal de dados (o *big data*) que não podem ser acumulados por um cérebro humano, apesar de sua extraordinária sofisticação. O paradoxo reside no fato de que ter em tempo real todas as informações que se poderia desejar sobre a construção das pirâmides, ou sobre as doenças, não torna ninguém mais sábio, mais benevolente, nem mais equilibrado. O advento do *big data* acentua mais do que nunca a diferença entre informações e sabedoria. ***Matthieu***

Intenção

A intenção determina a direção e a magnitude de nosso entusiasmo. É como os primeiros passos que estabelecem a direção da viagem que empreendemos. O budismo afirma que, se a intenção é justa e boa, se é voltada para o bem de todos os seres, a via e o objetivo também serão justos e bons. ***Matthieu***

Interdependência

Quando você segura uma folha de papel na mão, pelo menos 35 países tornaram esse gesto possível. Primeiro um lenhador cortou uma árvore numa floresta da Noruega, depois uma transportadora dinamarquesa levou essa árvore até uma fábrica francesa.

A composição da massa do papel incluiu o amido extraído das batatas provenientes da República Tcheca, depois essa mesma massa foi tingida, ou branqueada, com a ajuda de substâncias químicas fabricadas na Alemanha, e assim por diante. Além disso, cada um dos seres humanos que contribuiu com essa cadeia de produção têm pais, avós, filhos etc. que, por sua vez, podem ter influenciado a escolha do que cada um deles faz. Em resumo, é possível ler na marca-d'água do papel a inscrição: "Os outros, os outros, os outros...". A constatação dessa interdependência de todos os seres e de todas as coisas deveria nos deixar sempre repletos de gratidão.

Se observarmos de perto a natureza, vamos constatar os mecanismos de interdependência da biosfera: a cada instante as plantas e os animais conseguem sobreviver, associar-se, cooperar e competir uns com os outros, evoluir, regenerar-se e resolver desafios quase sempre complexos. A interdependência é a própria substância da existência. ***Matthieu***

VER TAMBÉM *SOLIDARIEDADE*.

Interioridade

Ser sábio dá trabalho. E exige um esforço duplo: tanto confrontar-se regularmente com a realidade da vida (é muito fácil aprender a sabedoria dentro do quarto), quanto tirar lições dessas confrontações, meditar sobre elas, digeri-las, assimilá-las. Esse trabalho exige momentos frequentes de recolhimento na própria interioridade, lugar em que não se pode mentir, nem inventar histórias. Sabedoria é jamais fugir do face a face, primeiro com o mundo, depois consigo mesmo. É não fugir nunca do desconforto, da confrontação com os próprios limites, com os defeitos, com as mesquinharias, com as covardias. É a única esperança de um dia, talvez, conseguir superar e libertar-se deles. Ou pelo menos mantê-los à distância todos os dias de nossa vida... ***Christophe***

Inveja

Estranho sentimento a inveja. Sentimos inveja da felicidade dos outros, mas claro que não da sua infelicidade. Não é um absurdo? Não seria natural desejar a felicidade deles? Por que se sentir afetado quando eles são felizes? Por que todo esse despeito ao constatar suas qualidades? O contrário de inveja é regozijar-se com todas as pequenas e grandes alegrias desfrutadas pelos outros.

A inveja não tem o aspecto atraente do desejo; não se apresenta disfarçada de justiceira como a raiva, não usa de nenhum artifício como o orgulho, tampouco é letárgica como a ignorância: de qualquer ângulo que for examinada, vê-se tão só um personagem tenebroso e miserável. O Dalai Lama sempre diz que a inveja é a mais estúpida das emoções negativas, pois nos tira o sono e nos deixa sem apetite, enquanto a pessoa de quem sentimos inveja continua a dormir muito bem e a não ser perturbada de nenhuma maneira.
Matthieu

Ioiô interior

O ioiô interior que nos faz passar da alegria à tristeza em uma fração de segundo pode nos esgotar. É difícil mergulhar fundo na alegria sem prever que ela vai acabar; e na tristeza, acreditamos que vamos arrastar esse mal-estar para todo o sempre, o que acaba nos derrubando. A não fixação é uma das mais fantásticas ferramentas para perder o hábito de aferrar-se às coisas, ou de rejeitá-las, e começar a acolher tudo o que chega. Em primeiro lugar, preciso aceitar as montanhas-russas interiores, descobrir que posso me levantar feliz, e que a leitura de um simples e-mail pode me pôr para baixo. Como se eu tivesse confiado às circunstâncias exteriores um controle remoto que tem o poder de me fazer oscilar entre uma emoção e outra.

A boa nova é que podemos escapar dessas montanhas-russas, procurando chegar exatamente bem ao fundo de nós mesmos para descobrir ali uma alegria incondicional. De saída, o primeiro passo

é observar com tranquilidade essas mudanças rápidas e incessantes, sem nos inquietar demais com elas. Existe um grande mal-entendido que impede de desfrutarmos da alegria incondicional. Acreditamos falsamente que ela só acontecerá no dia em que tivermos curado todas as nossas feridas, embora seja possível sentir essa alegria sem motivo a partir de agora, mesmo no meio da tormenta. Podemos alcançá-la aqui e agora. Se esperarmos ter uma vida perfeita para desfrutá-la, corremos o risco de esperar um bom tempo...
Alexandre

J

Jardim público

Quando projeta parques e jardins públicos, a arquiteta berlinense Christa Fischer jamais traça as trilhas – ela começa plantando grama por toda parte e depois deixa os usuários escolherem livremente os trajetos mais convenientes a seus percursos de costume. Decorridos uns dois meses, ela coloca seixos nos caminhos traçados pela passagem diária, obedecendo ao uso natural dos seres humanos! Sabedoria de arquiteto: colocar os humanos no centro de seu trabalho, e não seu ego de criador e artista... ***Christophe***

Jesus

Não é precisamente o modelo de um sábio. Por vezes provocador, paradoxal, herético, exigente, radical. Tudo muito normal: Jesus não era um sábio, mas um Messias, um profeta, um salvador. Ter contato com sábios faz bem e nos torna melhores (nós os reconhecemos exatamente por isso). Já o contato com os profetas incomoda, magoa, perturba: eles não nos pedem para escutá-los, mas sim para obedecê-los e segui-los. Não dá para enganar-se quanto aos profetas, senão as coisas acabam mal. Um falso sábio faz menos mal do que um falso profeta. ***Christophe***

Justo-meio

Em *Ética a Nicômaco,* Aristóteles esclarece que o justo-meio se assemelha quase à perfeição. Diante do mal-estar, da insatisfação, é grande a tentação de querer dar uma guinada de 180 graus. Mas isso não é se enganar e até mesmo ir na direção oposta? ***Alexandre***

K

Karma

Com muita frequência, a noção budista de karma é mal compreendida no Ocidente. Karma significa "ação", mas designa igualmente o laço dinâmico que existe entre uma ação e seu resultado. Cada ação – tanto quanto cada intenção nela subentendida – é considerada positiva ou negativa segundo seus efeitos na felicidade e no sofrimento da própria pessoa e dos outros. É tão insensato querer viver feliz sem ter renunciado às ações nefastas quanto colocar a mão no fogo esperando não se queimar. Toda alegria e todo sofrimento são produtos lógicos inelutáveis da lei de causa e efeito. Em essência, o karma é um aspecto das leis gerais de causa e efeito e diz respeito às ações, palavras e pensamentos emitidos com uma intenção benevolente, neutra ou malevolente. ***Matthieu***

Karuna

Compaixão, *karuna* em sânscrito, é a forma que o amor altruísta assume quando é confrontado com os sofrimentos do outro. O budismo o define como "o desejo de que todos os seres vivos sejam libertados das causas do sofrimento". Isso inclui não apenas as causas imediatas e visíveis do sofrimento, mas também suas causas profundas, entre elas, a ignorância, que nos leva a perpetuar o ciclo do sofrimento. A compaixão não é simplesmente uma "recompensa" concedida em função de bons comportamentos; sua finalidade é eliminar todos os sofrimentos individuais, quaisquer que sejam, bem como suas causas. Considerados desse modo, o altruísmo e a compaixão podem ser imparciais e ilimitados.

Karuna é também o nome da organização humanitária que fundei com alguns amigos, há vinte anos, e que ajuda cerca de 200 mil pessoas na Índia, no Nepal e no Tibete e que em breve começará a desenvolver atividades na França. ***Matthieu***

L

Laços

Inúmeros trabalhos avaliaram as consequências concretas dos laços com os outros. No plano biológico, por exemplo, quando nos submetemos, em laboratório, a uma situação estressante (improvisar uma fala diante de um público de pessoas de rosto reprovador!), o nível de cortisol salivar (um indicador de estresse) será menor se um dos nossos melhores amigos estiver simplesmente presente na sala.

O laço modifica inclusive nossa visão de mundo e das dificuldades que temos de enfrentar. Um curioso estudo mostra que, quando se pede a voluntários que avaliem a altura de uma montanha, a montanha lhes parecerá menos alta e as encostas menos escarpadas se seus melhores amigos estiverem ao seu lado. Se estiverem sozinhos, a montanha parecerá mais alta e o despenhadeiro mais íngreme!

Quando encontro meus pacientes pela primeira vez, sempre faço com eles um inventário de seus recursos. E os recursos relacionais (junto com os recursos psicológicos e materiais) são essenciais! O isolamento, aquela solidão que se vive sem escolha, constitui um grande fator de risco em termos de saúde mental e física. O fato de não ter família, não ter uma rede de amigos e de conhecidos com quem contar, é um fator de fragilidade em caso de problemas. Foi por esse motivo que, quando ainda era um jovem psiquiatra, fiquei muito interessado em pacientes com fobia social, que, além das angústias que sentiam diante dos outros, também eram pessoas sem "recursos relacionais" e, por isso mesmo, quase sempre fragilizadas.

Em contrapartida, dispor de uma rede social vasta e diversificada (familiares, amigos, conhecidos) constitui uma fonte de resiliência e de bem-estar confirmada por todas as pesquisas. ***Christophe***

VER TAMBÉM *DISCÓRDIA*.

QUATRO CONSELHOS DE CHRISTOPHE
PARA CULTIVAR OS LAÇOS SOCIAIS

Existem quatro famílias de laços sociais, divididas em quatro círculos concêntricos, que é útil cultivar (assim como é importante ter uma alimentação variada):

- Os íntimos – aqueles com quem vivemos, que tocamos e abraçamos quase todos os dias; em geral os membros da família e nossos melhores amigos.
- Os próximos – amigos e colegas, com quem interagimos de modo direto e regular.
- Os conhecidos – toda a rede de pessoas com quem temos contato, mesmo ocasional, de quem nos lembramos e que lembram de nós.
- Os desconhecidos – com quem também podemos criar laços, de acordo com nosso temperamento, falar com eles na rua, nos transportes públicos, nas lojas. Eles podem também ser fonte de ajuda e informações para nós, assim como nós para eles.

Especialistas em laços sociais argumentam que é importante nos apoiar nesses quatro círculos – não apenas nas pessoas íntimas ou próximas – dando e recebendo! E quando nos dirigimos até mesmo aos desconhecidos, mantendo laços calorosos com simples conhecidos, vizinhos, comerciantes, não só fazemos bem a nós mesmos, mas também embelezamos e melhoramos o mundo, tornando-o mais humano!

Lamentação

"Tudo o que se faz lamentando perde o significado". Essas palavras de Christian Bobin foram uma revelação para mim e tornaram-se uma espécie de mantra que repito toda vez que tenho a tentação de me queixar de alguma coisa. Não arruinar o momento presente se lamentando e dizer a si mesmo: "Não importa o que você está passando neste instante; você está vivo. Você preferiria não existir?".

As palavras de Bobin não são apenas belas, mas cientificamente justas: o mesmo esforço encarado como dever e realizado de má vontade será mais doloroso, dará menos prazer e será menos produtivo. Trata-se da influência do que se denomina *mindset*, o estado mental, revelado principalmente em um estudo realizado com cerca de oitenta mulheres empregadas como camareiras em grandes hotéis. Os pesquisadores separaram essas mulheres em dois grupos comparáveis e escolhidos ao acaso, informando-as de que o objetivo da pesquisa era estudar o impacto do trabalho na saúde delas. Para o grupo que desejavam avaliar foi apresentada outra mensagem: "Acreditamos que sua ocupação é benéfica para a saúde porque permite fazer exercícios físicos na dose recomendada pelos estudos científicos" (o que não deixa de ser verdade, desde que o ritmo imposto não seja infernal...). Depois de quatro semanas de experiência, constatou-se que as mulheres que haviam recebido a mensagem educativa apresentaram uma pequena melhora de seu estado de saúde: perderam peso e sua pressão arterial baixou. Encarar os esforços que tinham de fazer como algo benéfico para a saúde fez muito bem a elas. ***Christophe***

Liberdade (armadilhas e restrições)

Como psiquiatra e psicoterapeuta, muitas vezes percebi certas patologias como perdas evidentes de liberdade: as fobias restringem a liberdade de movimento, as depressões sufocam a liberdade de decisão e de ação, as adicções escravizam. O que é certo, porém, é que todas essas perdas de liberdade exterior têm sua origem na perda de liberdade interior: os sofrimentos e os medos são prisões invisíveis das quais temos a maior dificuldade de sair.

A doença, no entanto, não é a única causa da restrição da liberdade; a vida cotidiana também apresenta muitas armadilhas: a armadilha dos hábitos e dos rituais (pensamos, agimos e vivemos sempre da mesma maneira), a armadilha das preocupações e das ocupações diárias (consagramos o essencial da energia mental e física a tarefas necessárias, mas triviais, negligenciando o que dá sentido à vida). Em minha opinião, essa perda de liberdade é muito importante: os estudos a respeito dos conteúdos do pensamento demonstram que o essencial da vida interior é constituído de pensamentos "triviais" sobre as atividades pessoais – pagar o aluguel, pôr o lixo para fora – e profissionais – responder os e-mails, preparar uma reunião.

Reservar tempo para direcionar a vida interior para outra coisa – contemplar a natureza, refletir sobre nossos ideais, meditar sobre a gratidão e a compaixão, regozijar-se de estar vivo – são intenções que dependem de uma decisão pessoal que não parece muito complicada, mas que raramente se concretiza de fato. Essa liberdade de escolher continuar como ser humano e de não me transformar em um trabalhador-consumidor é uma liberdade interior que preciso fazer viver em mim.

Ao trabalhar sobre essa questão da vida interior, descobri o quanto os modos de vida contemporâneos nos "exteriorizavam", nos exilavam de nós mesmos e restringiam nossa liberdade. Essa necessidade de liberdade interior é universal. Seria um equívoco acreditar que esse discurso se aplica apenas aos ricos, aos que desfrutam de conforto material e político extremo e que desejam cultivar sua pequena liberdade dentro de um casulo confortável, enquanto os que são exteriormente escravizados, por razões econômicas ou físicas, não poderiam tirar proveito dele. Para mim, parece um erro de raciocínio que empobrece a realidade, já que a liberdade interior diz respeito a todos. ***Christophe***

Liberdade ou sabedoria?

Certa vez, o padre Morand, capelão da instituição em que vivi dos 3 aos 20 anos, me deu um livro bem grosso, que eu sempre folheava com veneração. As páginas amarelecidas e gastas desse manual me impressionavam. Eu tinha 14 anos, vivia com o peso de uma gama de complexos e sentia o cruel flagelo de minha diferença, de minha singularidade. O pressentimento de que jamais seria exatamente como os outros me deixava em um pânico terrível e eu tentava encontrar algumas referências. Precisava de uma bússola, de uma direção. Um dos capítulos daquele livro tratava justamente da alienação, das escravidões, das paixões tristes. E o autor comparava tudo isso a uma pedra que despenca em queda livre. Expressão engraçada! Em minha mente inquieta, aquilo era como um alerta de combate; questões surgiam de toda parte. No fundo, o que é mesmo essa liberdade? Fazer aquilo que queremos? Dar livre curso aos nossos desejos? Não encontrar nenhum entrave, zero obstáculo? Eu me questionava acima de tudo sobre a margem de manobra de um rapaz com paralisia cerebral que tentava fugir de um destino totalmente traçado: enrolar charutos em um canto protegido de alguma fábrica. Jovem e desamparado, como poderia evitar essa prisão interior, essa avalanche de diagnósticos, essa sucessão de rótulos? Existiria mesmo um *destino*? Tudo já estaria traçado de forma definitiva?

Despencar em queda livre... como a pedra, sem ascese, sem exercícios espirituais; de uma coisa eu sabia: estava condenado, sempre correndo o risco de quebrar a cara, perdido num caos total – complexos, mecanismos de defesa, medo da rejeição, desejos mal identificados. Tudo isso contribuía para uma vida quase robótica. Assomado pela incerteza, totalmente inseguro, eu tentava desesperadamente colocar um pouco de clareza e de alegria em uma vida que se anunciava um tanto complicada.

Pela primeira vez na vida, ouvi ecoar em mim uma voz. Em sua célebre carta a Schuller, Spinoza faz um diagnóstico: "Pelo fato de não ter consciência de seu esforço e de não ser indiferente, essa pedra certamente acreditará que é livre e que continuará em movimento só porque esse é seu desejo. Tal é a liberdade humana que todos os homens se vangloriam de ter, que consiste unicamente no fato de que, embora conscientes de seus desejos, são ignorantes das causas que os determinam".

Ainda adolescente, vi um programa na televisão. Fizeram uma pergunta a um filósofo profissional. Constrangido, ele hesitava em responder. O que tinha primazia: a liberdade, a felicidade ou a sabedoria? Era preciso escolher? Colocar um xis diante da preferência? Estabelecer uma hierarquia quando não existe nenhuma opção? Naquela época, eu queria tudo: sabedoria, felicidade, liberdade. Mas racionalmente também pressentia que não se pode esperar ser feliz sem ter um mínimo de liberdade interior. Como correr atrás da sabedoria quando o sentimento de abandono, o medo e uma série de tendências, de condicionamentos e de hábitos nos mantêm na escravidão? Nesse tipo de assunto, Spinoza continua a ser um médico iluminado. Ele nos daria uma força para impulsionar nossa expedição? Seu tratamento pretende ser honesto e eficaz: é preciso combater tudo o que obscurece nosso humor, influencia nossa maneira de ser, nos aliena. Significa combater insistentemente os determinismos e as forças que nos impelem a nos apegar, a amar, a odiar, a temer, a sempre esperar.

Quando ouço Matthieu falar, compreendo que sabedoria e liberdade andam de mãos dadas. E se o primeiro passo para isso consistisse em detectar tranquilamente o piloto automático que necrosa nosso dia a dia e redescobrir uma relação lúcida e feliz consigo mesmo e com o mundo, em deixar de ser marionete, em parar de confiar nas circunstâncias, em não responder ao primeiro sinal do controle remoto que regula nosso estado mental? O desafio da vida espiritual reside na audácia: na ousadia de contornar serenamente os obstáculos, de construir uma liberdade bem longe da tirania de um "eu" voluntarioso e da ditadura do "coletivo", que muitas vezes nos fazem obedecer a normas e padrões sociais esmagadores. Spinoza, Nietzsche, Freud e muitos outros nos oferecem um ensinamento reconfortante: a liberdade não pode ser concedida. Ela constrói-se, revela-se no meio das alienações e das ilusões que nos confinam em *nosso* mundo, longe do mundo real. ***Alexandre***

Liberdade suprema

No budismo, fala-se de dois níveis de liberdade: a que permite consagrar-se ao caminho espiritual e a que liberta do jugo do sofrimento e das suas causas. A primeira consiste em livrar-se de tudo o que serve de obstáculo ao progresso no caminho da Iluminação, em particular as preocupações e as ocupações fúteis, que só fazem nos distrair dia após dia até a hora da morte. A segunda é a libertação da confusão e dos estados mentais que nos afligem e obscurecem a mente. Desse ponto de vista, a liberdade suprema é sinônimo de Iluminação.

Neste caso estamos bem longe da liberdade de fazer o que der na telha. Sempre me lembro das respostas de uma jovem numa entrevista à BBC: "Para mim, liberdade é fazer tudo o que me passa pela cabeça, sem que ninguém faça nenhuma objeção". No entanto, isso seria tornar-se deliberadamente escravo dos pensamentos selvagens que surgem na mente. Seu ponto de vista era radicalmente individualista, já que não dava a menor importância ao que os outros queriam.

A verdadeira liberdade consiste muito mais em controlar a mente do que em deixá-la à deriva, vagando ao sabor dos pensamentos. Assim como faz um marinheiro, livre para navegar rumo à destinação de sua escolha, mas sempre controlando seu barco, não deixando que ele fique à deriva, ao sabor de ventos e correntes que o arrastariam de encontro aos recifes. Em outras palavras, ser livre é não viver sob a ditadura do ego e das tendências habituais forjadas por nossos condicionamentos.

Isso porque quase todos nós somos joguetes dos delírios, dos condicionamentos, das pulsões, dos conflitos interiores, dos pensamentos erráticos e das emoções perturbadoras. Essa servidão está na origem de inumeráveis tormentos. Como sair da prisão desses mecanismos, diante dos quais quase sempre nos sentimos impotentes e até mesmo resignados? A principal dificuldade vem da falta de discernimento: não conseguimos identificar as engrenagens mentais, nem descobrir que tipo de pensamentos nos subjugam. A sabedoria, a lucidez e a competência que nos permitiriam encontrar nossa liberdade quase sempre nos faltam. A liberdade interior pode ser conquistada por meio de uma melhor compreensão do funcionamento da mente e por uma elucidação dos mecanismos da felicidade e do sofrimento. Esse discernimento deve caminhar lado a lado com um *treinamento* que permitirá à mente controlar os estados mentais aflitivos com facilidade e inteligência.

Alguns acham, por exemplo, que praticar essa disciplina quando se faz um retiro de meditação, ou durante um período num monastério, é perder a liberdade. Mas eles deveriam pensar a mesma coisa do atleta e do artista que treinam horas a fio em vez de passar o tempo bronzeando-se na praia. Será que o alpinista aprendiz sacrifica sua liberdade quando fica horas e horas numa parede de escalada seguindo os conselhos do instrutor? Pelo menos para mim, é uma alegria passar um tempo num eremitério a fim de cultivar a benevolência e controlar a mente, sem ter de fazer coisas que só levam a mais confusão e sofrimento.

A liberdade interior nos confere grande força, pois nos torna menos vulneráveis aos nossos próprios pensamentos, que muitas vezes surgem como inimigos, e também menos desorientados pelas condições exteriores que não param de mudar. Ficamos menos centrados em nós mesmos e nos abrimos para o outro. A liberdade expressa-se naturalmente em mais benevolência. No fim, todo mundo sai ganhando. ***Matthieu***

Loucura

Em quarenta anos de prática da bela profissão de psiquiatra, nunca vi nem loucos nem loucas: apenas seres humanos que sofriam. E de um sofrimento tão intenso que eram levados a fazer o contrário do que teria sido bom para eles e seus familiares. O sofrimento afasta a sabedoria, porque faz a pessoa recolher-se em si mesma, no eu que não está muito bem; afasta também a lucidez, a abertura da mente, a escuta do outro. Todo mundo pode descontrair-se, rir, bancar o louco; o que, aliás, não impede ninguém de mostrar-se sábio. ***Christophe***

Luto

Conheci uma mulher em Hong Kong que encontrou o filho afogado na própria piscina. Durante a hora que se seguiu, ela disse a si mesma que deveria fazer uma escolha rápida: ou deixar a morte do filho arruinar o resto de sua vida, pois não há nada pior do que perder um filho, ou decidir levar uma vida construtiva capaz de lhe trazer satisfações profundas, sem com isso diminuir o amor indestrutível que sentia por seu filho. Para ela, isso foi como uma revelação diante de dois caminhos: um repleto de tristeza inconsolável, e o outro repleto de amor. Ela escolheu a segunda opção. Recordo também do testemunho de Andrew Solomon em seu livro *O demônio do meio-dia: Uma anatomia da depressão.* No leito de morte, sua mãe o advertiu: “Não pense que deixar a tristeza devastar sua vida será uma homenagem para mim”. ***Matthieu***

M

Macaco

Os budistas comparam a mente a um macaquinho hiperirrequieto, que salta de galho em galho sem parar. A prática meditativa consiste em, sem querer mudar seja lá o que for, assistir tranquilamente o animal bancar o maluquinho. ***Alexandre***

Mal

Como demonstrou o psicólogo Roy Baumeister em sua obra *Evil* [O mal], o mal absoluto é um mito. Os que se vingam acreditam piamente que existe uma justificativa moral para usar a violência a fim de reparar o mal de que foram vítimas. Mesmo os que cometeram as piores atrocidades estão convencidos de terem se defendido das forças do mal. Por mais aberrante que seja, sua interpretação da realidade permite constatar que nenhum deles parece movido pelo único desejo de fazer o mal pelo mal.

Segundo o budismo, o mal absoluto não existe porque todo ser humano, por mais atrocidades que tenha cometido, sempre tem dentro de si, na natureza fundamental de sua consciência, uma qualidade inalterável, comparável a uma pepita de ouro que afundou na lama, denominada “natureza de Buda”. Os que descambaram na violência afirmam que sua causa é justa e que seus direitos foram violados. Embora o que digam seja uma deformação grosseira da realidade, devemos sempre prestar atenção nos seus motivos se quisermos prevenir novas explosões de violência. Alexandre sempre cita esta frase de Spinoza: "Não zombar, não chorar, não odiar, mas compreender". É a primeira coisa a fazer. O oficial de polícia que conduziu o interrogatório de Anders Breivik, um fanático autor de crimes em massa na Noruega em 2011, preconizava "a escuta ativa": é preciso perguntar ao criminoso como ele explica o que fez. Para prevenir a ressurgência do mal, é essencial entender primeiro por que e como tudo começou.

Se observarmos como se produz um genocídio, vamos perceber que quase sempre começa com a diabolização, a desumanização e a desindividualização de um grupo específico de indivíduos. Eles deixam de ser pessoas como você e eu, com uma família, com suas alegrias e tristezas. São diferenciados exclusivamente por seu número de identificação. Nós mesmos também nos dessensibilizamos com os sofrimentos que vamos infligir a eles, transformando o assassinato em dever, ou em ato de salvação pública. É desse modo que, pouco a pouco, chegamos a cometer atos que antes considerávamos totalmente impensáveis.

Por um processo similar, coisificamos os animais e os transformamos em objetos de consumo, que utilizamos como bem nos apraz. São 100 bilhões de animais mortos a cada dois meses na superfície da Terra, como se nada fosse. Isso tudo não procede de um "mal" absoluto, mas da pura ignorância e de uma falta de benevolência em relação aos 8 milhões de espécies animais, nossas concidadãs neste mundo. ***Matthieu***

Maravilhamento

O maravilhamento propicia na paisagem interior estados mentais serenos, vastos e abertos, que geram um sentimento de adequação com o mundo. Ele nos faz sair de nós mesmos, amplia a mente e expande o coração, além de nos preencher com a imensa e emocionante interdependência entre os seres vivos e a natureza. Por tudo isso, o maravilhamento nos guia na direção da sabedoria.

As fontes do maravilhamento são múltiplas: o olhar de uma criança que acaba de nascer, um ato de grande bondade, os momentos em que se deixa a mente repousar na paz interior. Vamos nos maravilhar com a natureza selvagem ou com um rosto que reflete as profundezas da sabedoria e da compaixão. Vamos nos maravilhar também lendo um poema, ouvindo um prelúdio de Bach ou com um ensinamento cujas luzes inspiram a alma. Sim, vamos nos fundir à imensidão do céu, nos perder no labirinto de uma casca de árvore, desaparecer na intimidade de uma flor, nos deleitar com o trinar melodioso de um sabiá, com a leveza de um floco de neve caindo na palma da mão, com o frescor do instante presente, sem nos perder nas mil e uma formas de distração.

O maravilhamento assemelha-se à experiência do "fluxo" (*flow*), essa imersão perfeita naquilo que fazemos, ou contemplamos, descrita pelo psicólogo Mihaly Csikszentmihalyi.

Incompatível com a animosidade, a avidez e o orgulho, o maravilhamento nos permite manifestar o que temos de melhor em nós e, pelo fato de conjugar-se perfeitamente com a benevolência, a generosidade e a admiração, é desprovido de vaidade. Assim nos torna melhores. Uma série de pesquisas realizadas por psicólogos enfatizaram algumas virtudes insuspeitáveis do maravilhamento: desenvolve o altruísmo, os comportamentos pró-sociais e a generosidade! Reforça o sentimento de pertencimento, o desejo de participação coletiva e a cooperação. Favorece a criatividade e aprofunda o sentimento de estar presente no mundo aqui e agora. Habitados pelo maravilhamento, perdemos a sensação de ser o centro do universo. Descobrimos que fazemos parte de algo muito "maior do que nós" e ficamos mais interessados em questões mundiais que transcendem o indivíduo, em particular as questões ambientais. Os pesquisadores dizem que o maravilhamento reduz o individualismo e a autopiedade.

Aqueles e aquelas que se maravilham terão maior tendência de se descreverem como "um habitante deste planeta" mais do que como um "indivíduo". O maravilhamento gera o respeito pela natureza selvagem; o respeito gera o desejo de proteger o meio ambiente, e esse desejo leva à ação, que pelo jogo da interdependência que rege todas as coisas do mundo pode, por si só, conduzir a uma harmonia sustentável entre o homem e o ambiente do qual faz parte. ***Matthieu***

VER TAMBÉM *BIOFILIA, NATUREZA*.

Mecânico espiritual

Chogyam Trungpa nos ajuda em nossas incursões em pleno deserto. Ele recomenda que, para considerar as grandes questões da vida, o aspirante espiritual deve adotar o mesmo ponto de vista do mecânico de automóveis. Quando alguém lhe traz capotas amassadas, um para-brisas em pedaços, uma porta arrombada, ele abstém-se de julgar. Constata os problemas e logo tenta reparar a lataria. Do mesmo modo, vamos observar sem dramas essa capacidade singular que temos de nos enganar. Por que algumas vezes preferimos teimar a aceitar que estamos errados? Que forças estranhas nos acorrentam ao nosso ponto de vista, aos nossos hábitos? ***Alexandre***

VER TAMBÉM *CHOGYAM TRUNGPA*.

Meditar (como, por que e para quê?)

Meditar não é nem cochilar, nem refletir de olhos fechados! Para meditar bem é preciso estar bem acordado. Se dormimos mal, se tomamos muitos psicotrópicos, os exercícios meditativos não dão certo. É importante compreender também que a meditação muda o registro psicológico da vida mental: ninguém deixa de refletir, de mostrar a própria inteligência, mas faz isso de outra maneira, por outro caminho. Começamos por fazer uma espécie de reconhecimento: observamos nossos pensamentos, sua essência, sua natureza, sua influência sobre nós. É um artifício para entrar em contato com eles e direcionar melhor nossas reflexões, mas com um funcionamento da mente sereno, estabilizado, nutrido pela quietude e pelo recolhimento.

Existe também outro processo capaz de provocar uma reviravolta na prática da meditação: quando meditar com a atenção plena, retirar-se do mundo durante um instante, mas sem abandoná-lo de vez, simplesmente observando a própria experiência. Gosto muito de uma frase de Christian Bobin: "Por um instante, me contento em escutar o ruído que o mundo faz quando não estou nele". Esse distanciamento é apenas transitório; voltaremos ao mundo, mas lidaremos com ele de uma maneira diferente, mais lúcida, mais serena, mais tranquila, mais inteligente e determinada.

E já que meditar regularmente exige esforço, seria legítimo responder à questão: por que meditar? Alguns mestres condenam a busca rigorosa de um ideal: a meditação, para ser meditação, não deve ter objetivos, não deve estar ligada a expectativas específicas. Meditamos por meditar e pronto! Mas a maior parte de nós não procura a meditação por pura curiosidade ou em busca de exotismo. Chegamos a ela porque precisamos, porque sofremos, porque estamos doentes, porque percebemos até que ponto nosso funcionamento mental, emocional, comportamental distanciou-se de nossos ideais de conduta.

O que a meditação traz para nossos esforços em busca da sabedoria é algo muito importante: primeiro, a estabilidade da atenção e das emoções, elementos-chaves para o discernimento. Depois, a ampliação da consciência: meditar é abrir-se voluntária e calmamente aos outros e ao mundo (diferente da distração involuntária), é compreender a importância deles, bem como os pertencimentos e as interdependências que nos conectam. É ter um olhar para o mundo de certa forma exterior a si mesmo, é libertar-se de si mesmo e voltar-se para todo o resto. ***Christophe***

Meditar (definição)

Segundo a etimologia das palavras em sânscrito e em tibetano, "meditar" significa "cultivar" (está associada à ideia de treinamento mental) e também "familiarizar-se com". Por isso, existem tantas formas de meditação quantas maneiras de treinar a mente. Todas têm em comum a mente consciente, a atenção, a clareza e a estabilidade. Se alguém cultiva a atenção e a benevolência, por exemplo, vai familiarizar-se com essas qualidades. Existe, portanto, uma dimensão intencional e um processo de treinamento cumulativo (ele fica cada vem mais atento e benevolente). Pode igualmente se habituar a uma nova maneira de ser, de gerar pensamentos e de perceber o mundo. Por fim, pode familiarizar-se com a natureza da sua mente, algo que via de regra nos escapa, pois essa natureza está recoberta pelas brumas das construções mentais, pela Mental FM, tão cara ao Alexandre. Ele se habituará a notar a presença desperta por trás das torrentes de pensamentos e a repousar na natureza da consciência pura. Nesse caso, não se trata de um treinamento ativo, mas de uma experiência direta. A prática não consistirá em um "condicionamento físico da mente", mas em dissolver as brumas da confusão e em contemplar o céu da natureza da mente.

A introspecção budista recorre a dois métodos: um analítico, outro contemplativo. A meditação analítica consiste em ir até o fundo das coisas. As coisas são permanentes ou impermanentes? Existem de maneira autônoma ou em condição de interdependência? Quais são as causas imediatas e definitivas do sofrimento? O eu, o ego, existe como uma entidade unitária dotada de existência própria? Ou não passa de uma ilusão cômoda que existe apenas por convenção? Uma vez que se tenha chegado a uma conclusão irrefutável, a meditação contemplativa consiste em deixar a mente repousar de uma maneira não discursiva nessa nova compreensão, de tal modo que uma se integre na outra, assim como a água penetra na terra.

No começo, a mente é muito turbulenta e fica bem difícil levar a meditação analítica até o fim, cultivar a compaixão e, sobretudo, observar a natureza da consciência; e isso só acontece porque temos de lidar com um turbilhão de pensamentos. Como já vimos, a primeira etapa é adquirir certa calma. Não significa ameaçar a mente, como se ameaça alguém com um porrete, mas permitir que ela se torne um pouco mais clara, um pouco mais estável. É por esse motivo que a maioria das meditações começa com a observação da respiração. Trata-se de um jeito ao mesmo tempo prático (a respiração está sempre ali), simples (com um movimento permanente de vai e vem) e sutil (ela é invisível e, se não prestarmos atenção nela, desaparece instantaneamente do campo da percepção). A respiração é um excelente objeto para afinar nossas próprias faculdades de atenção. Esse treinamento simples não é tão fácil assim. No começo, podemos até nos sentir desencorajados ao constatar que "tenho ainda mais pensamentos do que antes; não fui feito para a meditação". Não há necessariamente mais pensamentos, mas é que começamos a perceber o que está acontecendo, a avaliar a extensão dos estragos. Tal como acontece com uma queda-d'água, que começa na montanha, vai transformando-se em cachoeira, depois em rio, e finalmente vira um lago de águas claras, com o passar do tempo a mente se acalma.

Após algumas semanas, até mesmo alguns meses, posso passar para a etapa seguinte – "Agora que minha mente está mais flexível e disponível, posso conduzi-la como um cavalo bem treinado e dizer: 'Dedique-se à compaixão'". Essa progressão deve ser respeitada; de nada serve queimar etapas; se quisermos meditar sobre a compaixão e a mente não estiver serena, não vamos cultivar a compaixão, mas apenas ficar distraídos.

Posso também me perguntar: "Afinal de contas, quem é que medita? O eu? A consciência?". E posso analisar a natureza de tudo isso. De maneira mais contemplativa e direta, posso ainda aprofundar minha busca: "O que existe por trás de todos esses pensamentos? Essa presença desperta, esse aspecto da consciência pura não é a origem de todo acontecimento mental?". A partir de então, começo a entrever o que é subjacente a todo pensamento, que está sempre ali presente, como o céu imutável por trás das nuvens. Em seguida, posso deixar a mente repousar nessa presença desperta. ***Matthieu***

VER TAMBÉM *INSTRUMENTALIZAÇÃO DA MEDITAÇÃO.*

Meditar (libertar-se de si mesmo e trabalhar para o bem de todos)

Meditar é abrir-se para uma experiência contemplativa, é atender ao convite das tradições espirituais de considerar o mundo real sem querer se apossar dele, sem retê-lo, sem recusar nada. Os místicos cristãos nos tomam pela mão para nos conduzir muito mais além do ter, da posse, da apropriação, da rejeição. Uma experiência singular. O eu habitual se eclipsa e uma outra relação com o mundo desponta. Na companhia dos budistas somos encorajados a nos doar ao mundo, a não permitir que o ego interfira sem ter sido convidado. Quando a insatisfação nos atormenta, é difícil não considerar o outro, a natureza, e até mesmo a própria vida, como um instrumento, uma muleta, um grande negócio. A prática espiritual amplia, abre o horizonte.

Como acabar com a ganância da mente? Schopenhauer falava desse "querer viver", cego e voraz, mais forte do que nós. Lançar-se na aventura espiritual talvez seja abandonar lentamente esse apetite insaciável, esse estado de privação. É insano como o interesse, o desejo, as expectativas nos afastam da beleza, da leveza, da gratuidade de cada instante. Se estamos morrendo de fome, como andar por uma rua, mesmo a mais bela do mundo, sem salivar diante dos restaurantes, dos fast-foods, da primeira pizzaria da esquina sem fechar os olhos para todo o resto? Desse jeito é impossível encontrar a plenitude, o repouso, a paz.

Meditar é também tentar construir outra relação consigo mesmo, com os outros, com o cotidiano; é revelar uma qualidade de ser, um gosto, uma disponibilidade interior. Depois de Mestre Eckhart, Bergson distingue o eu superficial, o eu social e o coração do ser humano. Meditar, rezar, é penetrar progressivamente nesse eu, é abandonar os automatismos, dar adeus ao personagem que interpretamos e parar de nos identificar com ele. Os cristãos falam de combate espiritual. Significa que o ego, as tentações, as ilusões e a capacidade de enganar a si mesmo são obstinados, são ossos duros de roer.

Concretamente, a fim de indicar algumas pistas, tenho uma espécie de kit de sobrevivência que uso faz tempo na prática do treinamento da mente. Primeiro de tudo, para atenuar a barulheira da Mental FM, é preciso escutar os ruídos do mundo com precisão, apurar o ouvido para a buzina dos automóveis, o riso de uma criança, o silêncio, enfim, para tudo o que nos rodeia; tentar sair do cinema interior e nos abrir para o universo inteiro. Uma antiga tradição conta que Avalokiteshvara, o Buda da Compaixão (Kannon para os japoneses, representado na China sob a forma feminina), alcançou a Iluminação quando começou a ficar atento aos outros, quando começou a se abrir para os pedidos de socorro, os lamentos, o desespero dos seres. Dar valor aos sentidos e à percepção é suprimir a ação da mente que só analisa, compara e julga. Em um segundo momento, somos encorajados a visualizar e a relaxar cada parte do corpo, a pensar nas próprias mãos, nos pés, nas pernas, nos braços, nesse veículo que, por mais estropiado que seja, nos conduz à Iluminação. Ocasião especial para deixar de considerá-lo como um peso, um ídolo, uma carga, um fardo. Em seguida, sem julgar, sem rejeitar, nem querer reter nada, vamos observar o fluxo intenso de pensamentos, de emoções que nos invadem. Finalmente, em uma quarta etapa, tão essencial quanto as anteriores, oferecer a prática espiritual e estendê-la a algo muito maior do que nós mesmos, enviando as *metta*, meditações de amor, bondade e benevolência, para todos os seres do universo!

Meditar, livrar-se das emoções negativas, renunciar a si mesmo, é acima de tudo trabalhar também para o bem de todos. Sentar-se numa almofada, manter a postura ereta e concentrar-se não é afastar-se do mundo, mas sim doar-se a ele. ***Alexandre***

Medo

O medo é certamente uma das emoções mais inibidoras da liberdade. Seja da liberdade exterior, já que quase sempre nos obriga a fugir e a procurar escapatórias; seja da liberdade interior, pois o medo polui os pensamentos, nos convence a vigiar o ambiente, a antecipar todos os perigos possíveis e imagináveis, a calcular com antecedência o que será mais seguro para nós e nossa família; o cérebro vira uma máquina de vigiar, de evitar, de planejar. Mesmo um risco imaginário é capaz de invadir e subjugar a mente.

O medo é a emoção mais arcaica que existe. Mesmo nos organismos primitivos, existem dois movimentos fundamentais, quase reflexos: a aproximação (a busca de recursos e de prazeres) e o evitamento (a reação de proteção diante dos perigos). O medo pode ser considerado a mãe de todas as outras emoções dolorosas: a vergonha origina-se do medo do olhar dos outros; a tristeza, do medo de uma perda permanente; a raiva, do medo do fracasso e da humilhação. Se pensarmos bem, sempre sentimos medo de alguma coisa, ou de várias coisas, não importa qual seja nossa idade ou o momento da vida. Por isso, temos sempre muito trabalho a fazer. ***Christophe***

VER TAMBÉM *ANGÚSTIAS, ANSIEDADE, NÃO MEDO.*

Mente

Durante o inverno, o frio congela os lagos e os rios, e a água fica tão sólida que pode aguentar o peso de homens, animais e carroças. Com a primavera, vem o degelo. O gelo é duro e cortante, a água suave e fluida. A água e o gelo não são nem idênticos, nem diferentes, já que gelo é água solidificada e água, gelo derretido. O mesmo acontece com a mente congelada, principalmente quando sobrepõe à realidade atributos que ela mesma não possui – amigo, inimigo, atrativo, repulsivo etc. – e fica atormentada pela atração e pela repulsa. A meditação permite derreter o gelo das construções mentais e transformá-lo na água viva da liberdade interior.

Quando tudo na mente parece se solidificar, quando temos a impressão de não poder livrar-nos de certas tendências e angústias, compreendo que, muitas vezes pode surgir a ideia de que existiria um "granito", um núcleo duro intransponível. Trata-se de uma crença ligada a certas experiências, às lembranças e mesmo aos traumas. Mas na realidade não existe nenhum obstáculo perene no fluxo dinâmico da consciência. À medida que se aprende a repousar na natureza fundamental da mente, parece inconcebível sucumbir à ansiedade profunda, ao ódio ou à inveja. Nesse espaço de presença desperta, estados mentais como estes parecem completamente estranhos. O que em nós sente ódio não é a natureza de Buda. Essa natureza é totalmente livre dos véus das construções mentais, embora não signifique que não se corra o risco de uma recaída, já que estamos bem longe de ter chegado ao fim do caminho. ***Matthieu***

Mente e pretensa seriedade

Que terrível mal-entendido acabou associando a vida espiritual à lentidão, à privação, a um ascetismo atrofiado. Em *Ética*, Spinoza considera a alegria como o motor da libertação. Iniciar a jornada espiritual é perguntar-se: "O que de fato me dá alegria?". Vincular a alegria a causas exteriores, completamente aleatórias, é como ir comprar prazeres e alegrias de um traficante malévolo e ciclotímico. Com que me ocupo da manhã até a noite? Para mim, que significa ser sério?

Abandonar a pretensa seriedade é começar a levar a vida a sério desfazendo-se do pequeno eu e de seus psicodramas. Existe um abismo que separa o humor da zombaria. Rir do personagem que interpretamos é uma das principais vias de acesso para o desapego de si.

Em seu livro *Além do materialismo espiritual*, Chogyam Trungpa tem centenas de razões para nos lembrar do essencial: "O senso de humor não se reduz a farsas e trocadilhos, nem à tentativa deliberada de ser engraçado. Ele implica enxergar a ironia fundamental da justaposição dos extremos, de tal maneira que não se possa mais levá-los a sério, e que não se entre mais seriamente em seu jogo de medo e desespero". É um tremendo desafio assumir o comando na angústia que surge, na raiva que nos invade, e assim conseguir neutralizar as paixões tristes! ***Alexandre***

Metanoia

A filosofia grega forjou um belíssimo conceito: a *metanoia*, um trabalho consigo mesmo, uma conversão íntima que visa nos transformar radicalmente para adotar uma arte de viver capaz de nos preservar das paixões tristes, dos reflexos automáticos, do egoísmo, da prisão dos hábitos. Avançar, progredir, desembaraçar-se do que oprime, libertar-se dos outros e, consequentemente, do mundo inteiro – eis o grande desafio. ***Alexandre***

Metta

Na língua páli, a palavra "*metta*", "*maitri*" em sânscrito, significa "bondade amorosa" e consiste em desejar que todos os seres encontrem a felicidade e as causas da felicidade. O termo "*karuna*", por sua vez, designa compaixão (a contraparte de *metta*), o desejo de que todos os seres sejam libertados do sofrimento e de suas causas. Todos os seres sencientes desejam escapar do sofrimento e alcançar o bem-estar. É isso que a nossa humanidade e a nossa senciência têm em comum com as outras espécies animais. A bondade amorosa abarca todos os seres, qualquer que seja sua condição e, quando confrontada com o sofrimento, transforma-se em compaixão. ***Matthieu***

Modelos

Modelos são pessoas que personificam a sabedoria. Não são necessariamente mestres que trazem ensinamentos, mas seres humanos fora do comum em certas áreas ou em certos momentos da vida. Um fenômeno muito mais frequente do que imaginamos. Para nutrir-se de seu exemplo, de seus ensinamentos materializados, é preciso desenvolver a capacidade de admiração. Saber admirar é muito benéfico. Victor Hugo escreveu: "Existe na admiração um não sei quê de fortalecedor que dignifica e engrandece a inteligência". A admiração pelos belos comportamentos humanos ajuda a sentir o que os pesquisadores chamam de "sentimento de elevação". Jonathan Haidt, pesquisador da área de psicologia, estudou esse fenômeno em seu laboratório e demonstrou que, quando a admiração é despertada por ações morais (gestos de altruísmo e de ternura) e não pelas performances (esportivas, artísticas e intelectuais), ela estimula o sistema nervoso parassimpático (o que relaxa e acalma) e provoca a secreção de ocitocina, neurotransmissor que aumenta a sociabilidade e a capacidade de ligação e de afeição aos outros. Admirar é inspirador, faz bem e torna as pessoas mais sociáveis. ***Christophe***

Modo padrão

Os neurocientistas falam de rede cerebral padrão para designar o modo de atividade do cérebro quando não se faz nada de especial e não se fixa a atenção em nenhum objeto particular. No plano psicológico, é o estado mental que predomina na maior parte do tempo, quando não estamos envolvidos em nenhuma atividade mental ou física específica. Isso pode significar um estado de serenidade, liberdade e calma interior, como também de tristeza, tédio ou agitação mental. Esse modo padrão pode ser modificado pelo treinamento da mente, que, pensamento após pensamento, emoção após emoção, transforma gradualmente o estado de espírito, os humores e, com o tempo, o temperamento. ***Matthieu***

Momento presente

Na meditação, entre o momento em que os pensamentos passados cessaram e o momento em que os próximos ainda não surgiram, existe um silêncio interior, uma ausência de falatório mental; há apenas o frescor do momento presente, inalterado pelos pontos de vista, preconceitos e fabricações intelectuais. ***Matthieu***

VER TAMBÉM *MEDITAR, PRESENTE.*

Moral

"Que devo fazer?" (questão moral); "Como viver?" (pergunta ética). Essas duas questões podem dar início a um itinerário de libertação. Santo Agostinho, com sua famosa frase "*Dilige et quod vis fac*" ("Ama e faz o que quiseres"), torna clara a centralidade do amor, da caridade. Para ele, se permanecermos enraizados no amor, só poderemos nos conduzir em direção ao bem. Em uma célebre carta, ele indica o caminho: "Este curto preceito te foi dado de uma vez para sempre: ama e faz o que quiseres. Se calares, calarás com amor, se falares, falarás com amor, se corrigires, corrigirás com amor, se perdoares, perdoarás com amor. Se tiveres o amor enraizado em ti, nada a não ser o amor serão os teus frutos". Agora já estamos avisados. Não precisamos mais de camisa de força moral, de regras de vida, de manual de instruções.

O problema é que ainda não somos santos, e que diversas motivações podem nos atormentar, e lá estamos nós de novo mergulhados no tema da acrasia. Mesmo com a melhor boa vontade do mundo, como extirpar toda vontade de poder, toda raiva, toda mentira, todo egoísmo? O combate parece árduo. Mais uma vez, de um lado nossa melhor parte, que quer o bem, que o aprova, que o deseja ardentemente, do outro, as mesquinharias do cotidiano, os passos em falso, os deslizes. Daí, talvez, o interesse por uma ética, por uma moral, por uma bússola para avançar, progredir, pois, como bem observou Aristóteles, é forjando o ferro que se vira ferreiro, é praticando a temperança, a coragem, a justiça, a moderação que durante o caminho se adquirem progressivamente essas virtudes.

Por que agir moralmente? Cálicles, Nietzsche, Freud e tantos outros procuraram descobrir as verdadeiras motivações que nos fazem agir bem. Será que somos virtuosos, obedientes, "como se deve ser", por medo da rejeição, por conformismo, por querer agradar ou, como afirmava enfaticamente Santo Agostinho, porque somos possuídos de uma caridade sem limites que naturalmente nos conduz ao bem? Desafios éticos e morais, sem dúvida, um desafio imenso que vem dissolver qualquer verniz e fazer nascer uma liberdade, um amor que se doa plena e sinceramente, sem pompas nem cerimônias. ***Alexandre***

VER TAMBÉM *ÉTICA*.

Morte

Durante muito tempo, a morte me aterrorizou. Bastava que meu olhar cruzasse com um carro fúnebre para que um imenso mal-estar se apoderasse de mim. Mas a vida se incumbiu de me curar um pouco dessa sensação ao me dar um amigo funcionário de uma funerária. Por horas a fio, eu o ouvia falar da sua profissão. Pouco a pouco, praticamente contra minha vontade, nasceu uma grande confiança. Um dia tomei coragem para acompanhá-lo no trabalho. Sua doçura e sua fé na vida me livraram de muitos sofrimentos. Na câmara frigorífica, via-o cuidar com infinita ternura de homens e mulheres, de pais e mães. No início, eu me espantava pelo fato de ele não usar luvas para ter contato com os mortos. Suas palavras fizeram com que eu mudasse de opinião: "Uma hora atrás, essa mulher estava nos braços de seu marido. Por que razão agora eu colocaria luvas para tocá-la?". No lugar onde menos esperava, Joaquim me revelou a bondade da vida. De repente, olhei para sua boca desdentada e pensei nas ternas palavras que ele havia pronunciado. Ali, bem no meio daqueles caixões todos, compreendi que o corpo era um milagre. Saí do necrotério com uma súbita esperança no coração. Reconheci enfim que o corpo não era um fardo, mas que era o instrumento da Iluminação e que, a partir de então, a missão seria considerá-lo uma celebração da vida.

O mesmo apelo sempre surge: não há tempo a perder; é preciso praticar. Nesse dia, Joaquim me contou a história de uma garçonete fulminada por um ataque cardíaco quando levava uma refeição para um cliente. A precariedade da existência jamais deixou de me surpreender – ao mesmo tempo me assusta e me fascina. Imagino aquela jovem levantando-se de manhã para ir ao trabalho. Sem dúvida, em nenhum momento aquela mulher imaginou que ia morrer naquele dia. A vida é frágil. Cada instante é um presente que devemos apreciar ao máximo. Vamos nos apressar em mudar e nos tornar mais generosos!

Em *Fédon*, Platão afirma que filosofar é aprender a morrer (*meleté thanatu*, como ele mesmo diz em bom grego). Para Platão, o aspirante espiritual deve separar-se do corpo, das paixões, libertar-se, livrar-se das algemas que o condenam à escravidão, que o aprisionam. Daí a considerar o corpo um fardo, um entrave, basta um passo. Aliás, em grego, a palavra "*soma*" (corpo) aproxima-se perigosamente de "*sema*" (túmulo). Meditar sobre nossa finitude, sobre a impermanência, não tem nada de triste, muito pelo contrário. Morrer para si mesmo, experimentar as contínuas mudanças da existência, é abrir-se para a eterna inovação que marca a trajetória da vida aqui e agora. Mas a mente resiste a isso, agarra-se a tudo com unhas e dentes, e o que gostaria mesmo é de fixar-se no que é sólido. A mente busca segurança, solidez, quando tudo na vida é transitório, tudo passa. Daí vem esse pacote de sofrimentos, esse estado de alerta permanente, essa insatisfação sem trégua. ***Alexandre***

Motivação

De onde vem a motivação? O que nos impele a mergulhar de cabeça? Seria a aspiração salutar, profunda e viva de alcançar a sabedoria? A atração da ilusão, o medo da punição ainda nos dominam? Certamente, perguntar quais são os recursos que nos fazem crescer é como montar num cavalo e dali vislumbrar a extensão da estrada inteira. Jean-Paul Sartre denunciava a má-fé e esse monte de papéis que somos levados a desempenhar e que talvez nos obriguem a "bancar os espirituais", do mesmo jeito que fingimos ser bonzinhos para agradar, para não decepcionar e assim sermos recompensados. O princípio zen "sem interesse nem intenção de lucro" constitui uma verdadeira bússola para livrar-se de qualquer atração pelo ganho, de qualquer desejo de mostrar-se excepcional e de ser recompensado por isso. ***Alexandre***

Mudança

Muita gente acredita ser impossível mudar de fato. Isso é confundir difícil com impossível. "Expulse a natureza, e ela retornará a galope"? Mas a natureza não tem necessariamente de retornar a galope, como o cavalo, se levarmos um tempo para ensiná-la a marchar! E se não tentássemos "dominá-la", mas sim "domesticá-la"? O temperamento não é invencível e seria errado pensar "sou assim mesmo", "essa é minha natureza".

Entretanto, não se deve supervalorizar a própria vontade. Aqueles que dizem a si mesmos que "querer é poder" certamente desejam progredir, mas fracassam porque acreditam que a decisão e um clique já bastam. É claro que não se pode decretar a mobilização geral da própria vontade a cada momento do dia, diante de uma preocupação, de um pico de emoção, de uma situação complicada. Precisamos de automatismos facilitadores, de "bons reflexos" e de liberdade para decidir não os seguir se necessário. Parece-me que esse é o desafio do treinamento da mente.

Do mesmo jeito que o treinamento do corpo permite correr por mais tempo sem ter de fazer muito esforço, nem ficar com os "bofes de fora", como se diz no jargão esportivo, o treinamento da mente permite agir mais serenamente no dia a dia e, por isso, mais livremente, sem ficar absorvido pelo esforço ou concentrado na dificuldade: trata-se de um paradoxo, mas a liberdade interior precisa de automatismos, de bons reflexos para ser plenamente exercida.

O treinamento da mente não depende apenas da vontade de mudar, nem resulta tão só da reflexão: refletir sobre os próprios limites e objetivos não basta. Para mim, essa é a razão pela qual o treinamento da mente está intimamente ligado à descoberta da meditação da atenção plena. Porque quanto mais medito, mais vejo com nitidez a diferença entre, de um lado, *refletir* sobre alguma coisa, sobre intenções, resoluções, e, de outro, o fato de me *expor* a um espaço de consciência aberta e fluida, que consigo criar quando me coloco sob o registro da atenção plena. A partir desse funcionamento bem específico do cérebro, obtido pela meditação da atenção plena, a pessoa torna-se mais receptiva, mais maleável, mais aberta, e acredito que esse processo de mudança pessoal completa o que se adquire por meio do trabalho da vontade, da reflexão. ***Christophe***

Mulher sábia

Para mudar o mundo e torná-lo mais inteligente, devemos adotar um olhar justo: não buscar a sabedoria apenas ao lado de velhos senhores barbudos, por mais confiáveis e simpáticos que sejam! Existe um sentido em incluir neste *ABC da sabedoria* o verbete "Mulher sábia"? Essa simples atitude não seria em si mesma problemática? Afinal de contas, não há um verbete para "Homem sábio". Entretanto, enquanto trabalhava neste livro, tomei consciência de que a grande maioria das mulheres sábias, que evidentemente existiram, foi apagada de uma história escrita por homens. Para uma Diotima, ou uma Simone Weil, mantidas na memória, quantas mulheres esquecidas não foram mestras de sabedoria e de humanidade? As únicas de quem se guarda lembrança, como Hildegarda de Bingen, Teresa de Ávila, Teresa de Lisieux, Edith Stein, permanecem quase sempre confinadas ao espaço religioso, para o qual foram destinadas e que de bom grado as acolheu.

Cabe à nossa época reparar a invisibilização (e às vezes a demonização) de que foram vítimas tantas figuras femininas de sabedoria, como as mulheres cientistas e as artistas: oráculos e sibilas cujo discurso inspirou as mais importantes personalidades de seu tempo, feiticeiras detentoras de um saber medical, perseguidas porque ameaçavam o poder masculino. A única sabedoria que se concede às mulheres, através da figura da parteira, é a capacidade de colocar alguém no mundo – a maternidade e o cuidado, agora e sempre. Mais uma vez, para mudar o mundo e torná-lo mais inteligente devemos adotar um olhar justo. ***Christophe***

N

Não apego

Não se apegar não quer dizer amar menos os outros. Ao contrário, é amá-los melhor, como o Sol que brilha plenamente sobre todos os seres em vez de conceder seus raios apenas a alguns eleitos. Além do mais, ficamos menos preocupados pela necessidade de receber seu amor em troca do amor que lhes damos. Nós os amamos como seres sensíveis que almejam o bem-estar e temem o sofrimento, e não através do prisma deformante do ego. Em lugar de esperar ansiosamente uma gratificação, ficamos felizes apenas porque nosso amor desperta um amor recíproco. Prefiro falar de "não apego", que evoca a ideia de não "se agarrar" às coisas, a falar de "desapego", que faz pensar em uma ruptura dolorosa. O não apego consiste em apreciar plenamente os seres e as situações, mas sem querer apropriar-se deles, sem enredá-los com a força do nosso desejo possessivo.

O não apego é também não colocar todas as esperanças e medos nas condições exteriores. O budismo tibetano fala de "sabor único". Isso não significa não fazer mais diferença entre mostarda e morangos e tornar tudo insípido, mas que somos capazes de preservar a paz interior em todas as circunstâncias, quer faça calor ou frio, quer estejamos confortáveis ou não, quer nos digam coisas agradáveis ou desagradáveis. Uma vez encontrada essa paz interior, somos como um barco com a quilha bem aprumada: mesmo que uma rajada de vento nos faça inclinar a bombordo, não emborcamos e logo nos endireitamos. ***Matthieu***

Não fixação

A não fixação é uma "ferramenta" das mais fantásticas que permite sair da posse e da rejeição e começar a acolher tudo o que chega. A partir do momento em que me reduzo a uma representação, a uma imagem que forjei de mim mesmo, começo a sofrer. Para tentar combater esse mecanismo malsão, seria necessário jamais se identificar com o que quer que seja. No meio das provocações, toda vez que eu me levava a sério demais, repetia mil vezes por dia esse exercício que emancipa e liberta dos papéis, das mágoas, das expectativas. Tentar praticar a não fixação ajuda a cruzar as tempestades, sem ser atingido mortalmente por elas. Não é nada grave se a raiva, o medo e a tristeza vierem me visitar. Desde que não se instalem no coração. Por isso, mil vezes por dia, seguir em frente. ***Alexandre***

Não julgamento

Podemos julgar os outros de duas maneiras: absoluta ou relativa. Julgar de maneira absoluta é decretar, por exemplo, que alguém é basicamente malvado, que não tem um pingo de bondade, que jamais deixará de ser impiedoso, pois essa é sua maneira de ser, e que não há nenhuma razão para isso mudar. Esse tipo de julgamento, que pressupõe que os traços de caráter são imutáveis, é refutado pela experiência da meditação e pelas descobertas realizadas nos últimos vinte anos no campo da plasticidade do cérebro (o cérebro muda à medida que a pessoa é exposta a novas situações ou que segue um treinamento físico ou mental) e também da epigenética (mesmo nossos genes podem ser modificados). Esses estudos comprovaram que era possível mudar a maneira como geramos nossos pensamentos, emoções, humores e, em última instância, traços de caráter.

O julgamento relativo só se aplica à situação atual, provisória, da pessoa que julga. Mesmo se alguém manifesta traços de caráter e comportamentos desagradáveis, leva-se em conta o papel que sua evolução pessoal e seu ambiente podem desempenhar. Jamais se julga a pessoa em si, mas seu estado de espírito no momento e os fatores que pesaram em sua conduta. Se alguém bater em você com um porrete, não fique com raiva do porrete, mas saiba que na outra extremidade há um indivíduo. Prossigamos com a argumentação: esse indivíduo está sendo manipulado pelo ódio, que por sua vez tem origem na ignorância. Ninguém ignora o problema que o seu comportamento acarreta, mas deixa-se a porta aberta à compaixão por ele, que é vítima do ódio e da ignorância, tendo plena consciência de que ele pode transformar-se. ***Matthieu***

Não medo

Todo ser humano herda uma bagagem, uma espécie de software interno que acaba girando em círculos com seus refrões, suas lenga-lengas. Todo indivíduo vive imerso num banho mais ou menos fecundo no qual cresce. Tentar desaprender e dar início a outro modo de vida, mais simples, mais leve, mais livre – eis nosso ofício de ser humano! Aristóteles tinha razão: é forjando o ferro que se vira ferreiro; é realizando atos virtuosos que o hábito do bem e uma inclinação profunda para a liberdade enraízam-se em nós. É preciso sair dessa situação, ganhar confiança...

"Reticente". Os medos, as fragilidades quase sempre se escondem onde menos se espera. Assim, durante muito tempo, temi que meus filhos fossem expulsos da escola. Mais do que isso, temia que fossem acusados de faltas que não haviam cometido. Pior ainda, depois de ter assistido a um programa de televisão dedicado a pessoas com síndrome de Gilles de La Tourette, confesso que senti um medo terrível de proferir no metrô, no meio do supermercado, numa livraria lotada, palavras que prejudicassem minha família. Fiquei aturdido até morder os lábios para não gritar, por exemplo, que minha mulher tinha assaltado um banco, que minha filha tinha esbofeteado um professor, e que meu filho havia esmurrado um colega. Minha imaginação louca fabricava os cenários mais bizarros. Tudo isso alimentava o monstro da angústia. Se meus filhos corressem o mínimo risco de se atrasar para a escola, eu já achava que tinham sido mandados imediatamente de volta para casa. Se uma classe ao lado tivesse recebido as mesmas perguntas num exame, a máquina de criar angústias logo era acionada. Meus filhos seriam acusados de trapaça, expulsos, banidos da sociedade.

"Reticente". Eu tinha 12 anos. Meus pais haviam feito de tudo para que eu entrasse na escola da minha cidade. Veio um inspetor e me examinou. Alguns meses depois, uma carta anunciou o veredito: o corpo docente se mostrara reticente à integração de um aluno como eu. Nesse dia, fui consultar o dicionário a fim de compreender por que razão o acesso à escola pública havia sido proibido para mim. "Reticente". Como é difícil não revestir a realidade com antigos traumas, não parar de interpretar o mundo através desses rígidos formatos ideológicos! A capacidade da mente de torturar a si mesma é extraordinária. Ela reproduz *ad vitam aeternam* os ciclos infernais do sofrimento. O ego encarrega-se de tudo. Confecciona um cenário insuportável feito de projeções, de imaginações desenfreadas. Avançar na direção do não medo é acreditar, é constatar que a consciência que abriga esses cenários catastróficos também pode acolher e fazer crescer sementes sagradas de confiança.

Diante do medo, compreendi também a experiência de pensamento de Liev Tolstoi. O genial escritor russo oferece um exemplo bem emblemático. Basta tentar não pensar num urso branco para ficar imediatamente obcecado pela imagem do mamífero cor de neve. Avançar na direção do não medo é olhar o mecanismo dos medos mais do que seu conteúdo, é acolhê-los em vez de lutar contra eles. Os temas variam, mas a insegurança primordial permanece. Que traumas, expectativas, ilusões se dissimulavam por trás de meu pânico? Por que tinha tanto medo de que alguém me acusasse de atos que nem eu nem meus filhos havíamos cometido?

Em *O mal-estar na civilização*, Freud afirma que viver em sociedade exige um sacrifício pulsional. Devo reprimir minha violência, devo me controlar incessantemente... Devo me corrigir, me adaptar continuamente em função das expectativas do outro... Devo, devo, devo... Daí a perder a cabeça, falta pouco. Por que aquilo que vão pensar de mim me determina? Sob quais categorias o outro aparece? Um juiz, uma espécie de procurador-geral? Vencer os medos, domesticá-los, coabitar com eles, é contemplar, sem vergonha nenhuma, todo esse fluxo que nos percorre. Vamos apostar que no caminho da autoaceitação, não só os amigos do bem, mas também aqueles e aquelas com quem cruzamos todo dia, longe de serem obstáculos, censores, podem se tornar companheiros de caminho. ***Alexandre***

VER TAMBÉM *ANGÚSTIAS, MEDO.*

Não violência

Costuma-se associar não violência a fraqueza. Na verdade, é preciso ter muita coragem para enfrentar desarmado um bando de soldados prestes a atirar. Satyagraha, movimento da não violência promovido por Gandhi, significa "a força da verdade". Isso aconteceu em 1930, quando Gandhi liderou a Marcha do Sal para desafiar as autoridades britânicas: ele partiu de seu *ashram* com algumas dezenas de discípulos e percorreu 400 quilômetros a pé até chegar às margens do oceano Índico. Durante o caminho, muitos simpatizantes se juntaram. O exército britânico tentou impedir de todas as maneiras que continuassem o trajeto. Foram atacados, mas em nenhum momento responderam com violência e continuaram a avançar mesmo sob os ataques. As forças de segurança acabaram permitindo que seguissem adiante, e uma multidão de vários milhares de pessoas chegou à beira do mar.

Ali Gandhi pegou com suas mãos um pouco de sal, violando assim o monopólio do Estado, que obrigava todos os indianos, até mesmo os mais pobres, a pagar um tributo sobre o sal, além de proibir que o coletassem. A multidão seguiu seu exemplo e recolheu a água salgada. Quando a notícia se espalhou, por todo o país os habitantes faziam a água evaporar e coletavam o sal, bem na cara dos britânicos. Dezenas de milhares de pessoas foram atiradas na prisão, inclusive o próprio Gandhi. Mas, diante da determinação dele, o vice-rei britânico acabou cedendo – libertou todos os prisioneiros e concedeu aos indianos o direito de coletarem seu próprio sal. Essa marcha foi um momento decisivo da luta não violenta pela independência da Índia.

Há quarenta anos, o Dalai Lama repete que não adianta recorrer à violência com os chineses: "Seremos vizinhos para sempre, e é com o diálogo que devemos encontrar uma solução mutuamente aceitável". Em certas ocasiões, ouvimos dizer: "O Dalai Lama pode ser simpático, mas não é assim que vai resolver o problema do Tibete". Os tibetanos deveriam ter recorrido a atentados? A sequestro de aviões? Matanças que provocariam uma repressão ainda mais terrível dos chineses, uma perseguição mais implacável e uma animosidade ainda mais insolúvel? Se a comunidade internacional fizesse todo o possível para que a atitude do Dalai Lama fosse coroada de sucesso, isso poderia servir de exemplo ao interminável conflito entre Israel e Palestina, para citar apenas um caso. Mas as instâncias internacionais mobilizam-se mais quando as comunidades se matam umas às outras. ***Matthieu***

VER TAMBÉM *AGRESSIVIDADE, ÓDIO, VIOLÊNCIA.*

Narcisismo

Em psicologia, define-se narcisismo como uma tendência para o grandioso, uma necessidade de admiração e uma falta de empatia. O narcísico é um admirador incondicional de sua própria pessoa – a única coisa que o interessa – e procura incessantemente reforçar a imagem lisonjeira que tem de si mesmo. Tem pouca consideração pelos outros, que trata como instrumentos para valorizar sua imagem. Durante muito tempo acreditou-se que, no fundo, os narcísicos não se amavam e se supervalorizavam para compensar um sentimento de insegurança. Pesquisas recentes demonstraram que, na verdade, o que as pessoas narcísicas têm mesmo é um sentimento de superioridade. Quando o narcísico é confrontado com a realidade, geralmente sente raiva contra si e contra os outros. Estudos comprovam que pessoas que se superestimam apresentam uma tendência à agressividade superior à média.

A psicóloga Jean Twenge revelou que há vinte anos os Estados Unidos da América vêm sofrendo de uma verdadeira epidemia de narcisismo. Em trinta anos, o número de adolescentes que concordam com a afirmação "eu sou alguém importante" passou de 12% para 80%. Nos dias de hoje, sempre nos Estados Unidos, a cada quatro universitários, um pode ser qualificado de narcísico. Segundo os pesquisadores, uma das razões desse egocentrismo é o uso das redes sociais, em grande parte consagradas à autopromoção. ***Matthieu***

VER TAMBÉM *EGO*.

Natureza

Os lugares naturais nos atraem e são propícios a uma boa saúde física e mental. Recordo-me de certo dia ter assistido à cerimônia de cremação de uma amiga. Estávamos todos sentados numa grande sala, sem emblemas religiosos, simples e sóbria, mas sem nenhum encanto. De repente, o anteparo diante do qual estávamos sentados foi erguido e apareceu uma imensa abertura envidraçada que dava para um pequeno jardim e um espelho d'água, coroados pela vastidão do céu azul. Ainda me lembro da sensação de tranquilidade e de conforto que senti diante daqueles elementos naturais. Era como se o contato com a natureza tivesse aliviado minha tristeza. Recordo-me de ter dito a mim mesmo: "Tudo isso já estava aí antes de nós e continuará aí depois de nós. Esta é simplesmente a ordem das coisas: nascer, viver, morrer". Naquele instante de conexão com a natureza, minha sensação foi a de que a mensagem que recebi era exatamente a de que estava precisando; um ambiente arquitetônico, ainda que perfeito e harmonioso, não teria exercido o mesmo efeito sobre mim.

Muitos centros urbanos e suburbanos nos agridem e nos tolhem. De repente começamos a nos recolher em nós mesmos (muitos cidadãos refugiam-se nos fones de ouvido e nas telas dos celulares), ficamos estressados, obrigados a estar sempre vigilantes, sempre em estado de alerta (precisamos prestar atenção para não levar nenhum encontrão ao andar pelas calçadas, nem trombar com ninguém ao atravessar as ruas). Toda a energia que desperdiçamos nesses ambientes é autocentrada, é empregada na autoproteção e não na abertura e na descoberta. Ficamos sempre na defensiva, perdemos a leveza, a liberdade e o bem-estar que os ambientes belos, seguros e substanciais nos oferecem. Felizmente, os arquitetos contemporâneos começam a repensar radicalmente em como deveriam ser as cidades do amanhã, onde a natureza terá um importante papel! ***Christophe***

Natureza de Buda

Para o budismo, todo ser, por mais que tenha sucumbido no horror, possui em seu nível mais profundo, na natureza básica de sua consciência, uma qualidade inalterável denominada "natureza de Buda" ou "natureza da mente". Essa qualidade é livre não apenas do ódio, do desejo e de outros estados mentais negativos, mas sobretudo de qualquer forma de distorção da realidade. Essa natureza é como o ouro que a lama pode recobrir totalmente sem jamais conspurcar. O ouro permanece puro e inalterável. A ignorância pode ofuscar temporariamente a natureza humana, mas não pode desnaturá-la, assim como as nuvens podem esconder do olhar o espaço e o Sol, mas eles continuam imutáveis. ***Matthieu***

NDI (nada disso me importa)

Consultei um médico gastroenterologista que depois de me examinar da cabeça aos pés me assegurou que eu não tinha nada. Aí ele me deu um precioso conselho: "A partir de agora você é proprietário de uma pasta NDI – 'nada disso me importa'. Cada vez que uma angústia te atormentar, coloque a dita cuja imediatamente dentro da pasta". Aquele médico impecável não apenas fez tudo o que era medicamente possível para diagnosticar alguma doença, como também eliminou toda angústia. Sem banalizar o medo que sinto, nem evocar cedo demais o conceito corriqueiro de *problema psicossomático*, ele realmente me ajudou muito. Por que não seguir esse conselho, criar uma pasta NDI e inserir nela todos os tormentos inúteis? O exercício consiste em pôr isso em prática no presente e na primeira pessoa do singular, já que impô-lo à força a alguém ansioso é ineficaz e muito cruel. Aprender a ter paciência é descobrir progressivamente uma confiança na vida. Nessa trajetória são os amigos do bem que nos sustentam quando tropeçamos. ***Alexandre***

Necessidade

Certo dia, no monastério em que vivo, disse a mim mesmo: "Se uma fada me concedesse três desejos no mundo material, o que poderia pedir?". Considerando o tamanho do meu quarto no monastério, as possibilidades eram limitadas: eu não tinha como encaixar ali uma rede sem fio, menos ainda um computador de tela grande. Já tenho um altar com algumas estatuetas, cerca de vinte livros, algumas roupas e objetos que considero úteis. Passado um instante, caí na risada, porque não encontrava nada para desejar que não fosse muito mais causa de atravancamento do que uma vantagem. Daí o famoso mantra que, repetido dezenas de vezes, propicia um imenso alívio: "Não preciso de nada!" Viva a simplicidade feliz! ***Matthieu***

VER TAMBÉM *DESPOJAMENTO*.

Nietzsche (Friedrich)

Por trás dos espessos bigodes, oculta-se um poderoso mestre que ensina a dizer sim à existência, a dispensar o ressentimento, a acabar com as mentiras. Friedrich Nietzsche, um homem de compleição frágil, é quem nos guia pela mão para a grande saúde. Nascido em Röcken em 1844, o profeta do Eterno Retorno do Mesmo vai direto ao ponto: "É necessário chocar. Já deixei de lado qualquer precaução quando se trata do essencial", escreveu ele numa carta a Paul Deussen. Isso porque Nietzsche é como dinamite – ele filosofa a golpes de martelo.

Por constituir um vade-mécum, espécie de farmacopeia inspiradora, o criador de Zaratustra é certamente uma mina de ouro. Ele desbrava o caminho para uma aceitação plena e ilimitada do real. A partir de suas ideias, podemos encontrar a força de um *amor fati* franco e claro. Essas duas palavras latinas, preciosas no seu entender, designam o amor pelo destino, pelo real, pela vida. Esse *amor fati* implica um dizer sim que se funde à existência tal como ela se apresenta; é uma aceitação das coisas como elas são, sem se refugiar em mundos imaginários. Ler Nietzsche é entrar para a escola da liberdade, é encontrar a coragem de acabar com a mais ínfima gota de autoilusão, é ver de uma nova maneira o que nos impele na direção dos outros. O que nos estimula a buscar a companhia deles? Um instinto gregário? O medo da solidão? Um tipo de conformismo? O filósofo alemão fala do "*pathos* da distância". Longe da fria indiferença, somos incentivados a dar um salto e alegremente construir uma singularidade, movidos por uma generosidade sem segundas intenções, respeitando o outro em sua diferença, sem enquadrá-lo em nossas categorias.

Descobrir Nietzsche é cultivar uma gaia ciência. Esse trágico mundo com suas doenças, mortes e injustiças requer não apenas uma aceitação total, mas um amor incondicional. Esse genial psicólogo nos convida a sair dos caminhos banais e pensar além do bem e do mal. Ele sonda nossas veleidades, pulveriza qualquer traço de consciência pesada, para então nos abrir para a vastidão do mundo, pois "o homem é uma coisa que deve ser superada".

Esse homem, que morreu na mais completa solidão, depois de ter vivido onze anos em profunda depressão, lança a todos nós um vibrante apelo. Ele nos intima a ser o que somos. Amo Nietzsche profundamente. Ele me reconcilia com os altos e baixos da existência, com as montanhas-russas do cotidiano: "É preciso ter o caos dentro de si para dar à luz uma estrela brilhante".

Até em seus excessos, ele me acalma. Encontro nele uma maravilhosa exortação a tentar sair dos limites estreitos da individualidade. "Na verdade, não existem verdades *individuais*, mas apenas *erros* individuais; o próprio *indivíduo* é um *erro*! [...] Somos brotos de uma árvore – que sabemos nós daquilo que, no interesse da árvore, poderíamos nos tornar? Mas temos uma consciência, como se quiséssemos e devêssemos ser o *todo*, um fantasma do 'eu' e de tudo o que é 'não eu'. *É preciso parar de sentir-se como um 'ego' fantasmagórico!* E lentamente aprender a rejeitar esse pretenso indivíduo. Descobrir os erros do ego! Dar-se conta de que o *egoísmo* é um erro! E, acima de tudo, não ver no altruísmo o seu contrário! Isso seria sentir amor pelos *outros pretensos* indivíduos! Não! Vai muito além de 'mim e de ti'! É sentir amor de maneira cósmica!", afirma ele em *Fragmentos póstumos*. ***Alexandre***

VER TAMBÉM *CAOS, GRANDE SAÚDE, PRECONCEITOS, SÁBIOS E MESTRES EM HUMANIDADE, SEXUALIDADE.*

0

Ódio

Quando o ódio já inflamou a mente de alguém, usar a compaixão implica adotar com ele a atitude do médico diante de um louco furioso. Primeiro é preciso impedi-lo de causar danos. Mas assim como faz o médico, que trata o mal que perturba a mente do louco sem usar um porrete nem reduzir seu cérebro a um mingau, é preciso também considerar todos os meios possíveis de resolver o problema sem cair da mesma maneira na violência e no ódio. Quando se responde ao ódio com o ódio, o problema jamais terá fim. ***Matthieu***

Opinião dos outros

Para encontrar a paz interior, não devemos depender da opinião dos outros, nem da imagem que fazem de nós, quer tenham ou não tenham razão. Meu segundo mestre, Dilgo Khyentse Rinpoche, sempre dizia que qualquer palavra, agradável ou desagradável, amistosa ou hostil, é como um eco. Se gritarmos insultos ou elogios diante de uma falésia, é cabível nos sentirmos magoados ou lisonjeados quando o eco voltar repercutindo em nossos ouvidos? Muita gente sussurra palavras doces com intenção malevolente, outras deixam escapar palavras desagradáveis com intenção benevolente. Qualquer um pode receber elogios de manhã e ser insultado à noite. Se a pessoa se ligar todas as vezes nessas palavras, vai viver perturbada o tempo todo.

Considerar tudo o que se ouve como eco não significa cair na indiferença nem reagir como um vegetal, mas sim não oferecer mais o ego como alvo nem de lisonjas nem de sarcasmos. O Dalai Lama sempre diz: "É um absurdo quando me tratam como um deus vivo, mas quando me chamam de lobo ou de demônio em hábito de monge, é mais absurdo ainda". Isso quer dizer que ele não se identifica nem com um deus vivo nem com um demônio, nem com qualquer outra representação do ego. Ele sabe muito bem que a profunda paz interior que o habita está firmemente estabelecida na compreensão da natureza da sua própria mente. Essa paz é insensível às críticas e aos elogios, já que coisas assim só podem afetar o ego. Ele simplesmente não se identifica com esse ego.

A verdadeira natureza da mente e comparável ao céu que não se afeta com a poluição que lançam nele. Com certeza, é bem mais fácil falar do que viver no dia a dia. Mas uma coisa é certa: quanto mais seguimos nessa direção, menos ficamos vulneráveis às palavras e à opinião dos outros. ***Matthieu***

Ortopedia mental

Existe um perigo rondando quem se empenha na busca da sabedoria e da liberdade: transformar o caminho em instituto correcional, em ortopedia mental. Ora, é o acolhimento incondicional de nossas feridas que nos conduz ao desapego, como se nos levasse pela mão. Para subir uma escada, é útil prestar atenção nos degraus, recuperar o folego e se apoiar no real. Cada aspirante espiritual avança no caminho com seus próprios recursos, suas fragilidades, com a bagagem e a provisão necessárias ao trajeto. ***Alexandre***

VER TAMBÉM *ESFORÇOS, ESFORÇOS ALEGRES*.

Otimismo

Otimismo não é imobilismo. É uma atitude ativa: esperar pelo melhor, mas também se empenhar para que isso aconteça. Ao que me parece, a sabedoria deve estimular o otimismo, pois ajuda a identificar os obstáculos, as dificuldades e tudo aquilo que os pessimistas costumam prever. A sabedoria permite também, pela constante abertura mental que a caracteriza, identificar os recursos, as soluções, as possibilidades que podem nos ajudar em cada situação. Quando sinto dificuldade de reavivar o otimismo em mim, logo penso nesta frase do escritor Primo Levi, sábio sem ódio, sobrevivente dos campos de concentração nazistas: "Não posso dar nenhuma justificativa a essa confiança no futuro que tem o homem que habita em mim. É possível que ela não seja racional. Mas o desespero, este sim é irracional: não resolve nenhum problema, chega até mesmo a criar novos e é por natureza um sofrimento". Se você tem dificuldade com o otimismo, pelo menos não se dê ao trabalho de ser pessimista! ***Christophe***

VER TAMBÉM *FELICIDADE, PLASTICIDADE CEREBRAL.*

P

Paciência

A fim de não se identificar totalmente com os estados mentais, com as contrariedades do dia, talvez seja bom desistir da vontade voraz de resolver os problemas na mesma hora. Certas vezes, quando múltiplas tarefas me absorvem, me convenço de que, para fazer as coisas mais rápido, é preciso diminuir o passo. Entrar na agitação é me arriscar a pular etapas e a fazer bobagens. Que tal tentar não me precipitar? E se eu for dormir à noite sem ter resolvido todos os problemas, será que isso seria forçosamente uma catástrofe?

Paradoxalmente, para aprender a paciência, é bom agir de maneira decisiva, sair do mundo mental e romper com a inação. Há pouco tempo, eu estava à espera de um resultado médico e o telefone não tocava nunca. O pânico tomou conta de mim. Aí me lembrei do ensinamento zen-budista cuja sugestão é que a gente se coloque em ação de corpo e alma. Primeiro peguei um cesto e comecei a organizar meu quarto. Depois meditei, dedicando minha prática a todos aqueles e aquelas que sofrem no mundo inteiro. ***Alexandre***

VER TAMBÉM *IMPACIÊNCIA*.

Palavras

Palavras matam e curam. Recordo-me de um dia ter dado uma bronca tremenda no meu filho Augustin por causa de uma história banal de um dever escolar. As palavras dele foram um bálsamo para mim: “Pai, quando você acabou comigo aquele dia, eu imaginei que aquelas palavras eram carinhos". Desde então, diante das zombarias, da crítica ou de uma notícia ruim, tento considerar as palavras que me magoam como simples ruídos, inofensivos em si mesmos. Por que lhes conferir tanta força? Qual a vantagem de dar a elas o poder de destruir a alegria? Não se fixar nos ruídos, deixar o vendaval passar – eis o desafio. ***Alexandre***

Paz interior

Há alguns anos, durante umas férias na região da Cornualha, eu passeava sozinho por uma vereda beirando a costa, quando deparei com um pequeno banco, no alto de uma colina, bem de frente ao mar. O Sol se punha e o lugar era de uma beleza extraordinária. O banco exibia uma pequena placa com as iniciais R.I.P. ("*Rest In Peace*", em inglês – "Descanse em paz") e mencionava que um senhor da região, cujo nome não me lembro agora, adorava sentar-se ali diariamente, o que fez até o fim da vida. Sentei-me ali, como ele, e me senti incrivelmente bem. Era como se estivesse conectado a um imenso reservatório de paz interior.

O ambiente era extremamente favorável, mas tive a estranha sensação de que sua função era a de ter despertado em mim essa capacidade de paz, paz que provinha de meu interior. Passei algum tempo observando o que estava acontecendo comigo: aquele sentimento de paz vinha acompanhado de modificações em todos os domínios – eu me sentia tranquilo, mas também pleno de benevolência, de serenidade, de recolhimento, de lucidez a respeito do que verdadeiramente importa na vida e do que não passa de espuma fugaz. Tinha a impressão de desfrutar de uma leveza e de uma liberdade enraizadas, ancoradas no real da vida e da morte. E não de sensações ilusórias como as que os estados de euforia e de excitação podem nos causar. Nesse estado de paz interior, eu não me sentia separado do mundo, nem dos seres humanos, mas ainda mais ligado a eles. Pensei então naquele senhor, cujo nome estava gravado no banco; agradeci a ele e lhe dediquei aquele momento.

A paz, sem dúvida, é ausência de guerra, mas não necessariamente de conflitos e de tensões. A guerra pressupõe a mobilização de todas as forças (de um país, de uma pessoa) contra um ou vários adversários. Na vida, certos combates são necessários, mas viver permanentemente em estado de guerra? Perseverar em manter a paz interior não é renunciar aos conflitos, mas esforçar-se para não viver em estado de luta permanente, não se curvar diante do real. É identificar quando é preciso fazer guerra e quando é preciso estabelecer a paz, mesmo que imperfeita; é empenhar-se em utilizar a força e a firmeza sem raiva nem cegueira. Projeto inspirador!

Mas não deveríamos nos ater mais ao processo de pacificação interior do que no próprio estado de paz, forçosamente instável e transitório? E efetuar regularmente esse trabalho de pacificação das emoções tóxicas, do excesso de raiva e do ressentimento que não direcionam ninguém para as ações, mas sim para as agressões?
Christophe

CONSELHOS DE CHRISTOPHE
PARA TRABALHAR PELA PAZ INTERIOR

- "Que a força esteja com você" é a frase tantas vezes repetida no filme *Guerra nas estrelas*. E poderíamos acrescentar: "E que a paz se instale em você, pois assim você poderá utilizar muito melhor sua força".
- A paz interior não gera passividade, mas ação calma. Não culmina na monotonia, mas num olhar aguçado e sensível às nuances, invisíveis a quem é agitado.

- A paz interior aumenta a liberdade. Torna a pessoa menos dependente dos estimulantes e excitantes da sociedade de consumo (publicidades, redes sociais, distrações fáceis e gratificantes).
- Também não é o caso de nos censurar, de nos esterilizar, de nos privar de qualquer forma de loucura, de deslizes, de excessos e de impulsividade. Tudo pode acontecer e, por vezes, em determinados momentos até mesmo esses deslizes podem ser agradáveis (beber demais, gastar muito, fazer fococa...). Mas a arte e o hábito de trabalhar pela paz interior nos conduzirão mais depressa ao caminho de nossas verdadeiras escolhas essenciais e de nossos valores. Essas ocasiões não serão nada mais do que simples derrapagens e não significam sair da estrada ou sofrer um grave acidente.

Perdoar

O que significa perdoar? Se fui ferido, se fui agredido, se me fizeram mal, em que implica o perdão? Nesse caso, quase sempre ocorre um mal-entendido: quando se fala de perdão em psicoterapia, a primeira coisa que se entende é que se trata de "absolvição" e, de certa forma, até mesmo de "submissão". Os trabalhos sobre a terapia do perdão demonstram que, primeiro, o perdão só tem sentido se for isento de qualquer forma de coerção, que deve ser uma decisão livre de quem foi magoado. Segundo, que o perdão é um ato íntimo, completamente dissociado do procedimento jurídico. Um terapeuta que pede a alguém que se esforce para perdoar sempre vai explicar que o perdão não significa reconciliação pública, diante de todo mundo, mas sim de perdoar dentro de si mesmo. Não tem nada a ver com esquecer, nem com a negação do mal. Trata-se da decisão íntima e pessoal de libertar-se de um sofrimento. Perdoar é um ato de libertação que permite a alguém livrar-se do ressentimento, do desejo de que o outro também sofra tanto quanto ele sofreu. ***Christophe***

CONSELHOS DE CHRISTOPHE
PARA EXERCITAR O PERDÃO

- Pedir perdão é uma maneira de reparar o sentimento de culpa. E é algo bem mais complicado do que parece. Existem certas situações em que evitamos pedir perdão porque, mesmo sabendo que fizemos mal ao outro, temos o sentimento de que o outro é corresponsável. Pedir perdão não significa admitir ser o único culpado, nem se inferiorizar em relação ao outro; é apenas o reconhecimento do mal que nós mesmos causamos e o desejo de que o outro nos conceda o perdão que estamos lhe pedindo.
- Quanto à "dádiva" do perdão, durante a terapia tentamos encorajar os pacientes a treinarem para praticar microperdões, com o cônjuge, com os familiares. Esses questionamentos ensinam a desapegar-se do hábito de disputar sobre "quem tem razão, quem não tem?". Se mesmo tendo razão eu fiz mal ao outro, se estou numa relação de confiança e quero que essa relação continue, tenho de considerar que os microperdões que devo conceder, ou pedir, constituem uma forma de reparação da afeição ferida pelas fadigas da vida.

Piedade

Spinoza faz um magnífico esclarecimento ao distinguir piedade de compaixão. Na compaixão é o amor que vem em primeiro lugar: eu amo uma pessoa e vê-la presa numa adversidade me entristece. No caso da piedade, o que tem primazia é a tristeza, e até mesmo um sentimento narcísico de culpa. A televisão mostra crianças que morrem de fome e o doloroso espetáculo faz mal ao meu coração, porque me faz lembrar de que eu também posso vir a sofrer. Mas, se prestar mais atenção, estou muito pouco preocupado com esses desconhecidos que passam fome, daí a importância de despertar nossa sensibilidade e de lutar, por amor, contra qualquer tipo de injustiça.

Piedade e compaixão podem habitar um mesmo coração; discernir, meditar permite separar o joio do trigo. ***Alexandre***

Plasticidade cerebral

Plasticidade cerebral designa a capacidade do cérebro de mudar e evoluir ao longo de toda a vida. Essa capacidade de reconfigurar-se, de remodelar as vias sinápticas são coisas que ocorrem no plano biológico, concreto, anatômico, sempre em função das redes cerebrais, regularmente ativadas pelos acontecimentos mentais, pelos atos, pelas emoções, pelas experiências de vida, tudo isso repetidas vezes.

As pesquisas em neurociências mostram que aprendemos incessantemente – cada momento, cada ação, cada interação são ocasiões para o cérebro desenvolver-se de um modo específico, traçar "vias neurais", caminhos mentais que, se forem costumeiramente usados e praticados, se transformarão em autoestradas para nossos pensamentos e emoções. Uma importante questão se apresenta: que tipo de alimentos diários damos ao cérebro por meio de todas as nossas atividades? A mente treina-se sozinha, o tempo todo, independente da nossa vontade; e nutre-se do que lhe oferecemos por meio dos objetos aos quais prestamos atenção, do ambiente no qual a imergimos.

Antes de tudo, é preciso compreender muito bem que nenhuma de nossas atividades mentais é inócua: toda vez que realimentamos o rancor, fortalecemos a capacidade de senti-lo; toda vez que deixamos a mente distrair-se, diminuímos sua capacidade de resistir às distrações, e assim por diante. Esses treinamentos da mente são involuntários, porém eficazes. Por isso mesmo, cada explosão de raiva, cada crise de pânico, prepara o caminho para a próxima, quando as circunstâncias forem mais ou menos parecidas.

O mais importante de tudo é não deixar "rodar esses programas" no cérebro. Parar imediatamente com as ruminações assim que as percebermos – dedicar-se, por exemplo, a uma atividade antagônica como andar, falar com alguém ou até mesmo pegar um papel e escrever a respeito delas, esclarecê-las e depois livrar-se delas pode ser uma boa estratégia. Em caso de escalada de raiva, afastar-se rapidamente e proceder da mesma forma. A coisa fica mais complicada nos ataques de pânico, e é preciso sempre buscar a ajuda de um terapeuta, que vai se incumbir de explicar como controlar sozinho essas crises, respirando lentamente, ficando atento ao mundo exterior em vez de autocentrar-se e começar a fazer interpretações angustiantes de seu estado. Num primeiro momento, impedir o funcionamento desses programas, perturbar esse treinamento "selvagem" da mente que mantém nossos sofrimentos emocionais.

Num segundo momento, testar novos programas "a sério". Em terapia comportamental, por exemplo, confrontar-se com situações que desencadeiam os medos, mas sem obedecer ao medo: se temos medo de altura, enfrentar a altura respirando calmamente, mas sem fugir. A cada novo confronto bem-sucedido da situação (sem fuga), o programa de treinamento escolhido (enfrentar) ganha pontos positivos em relação ao programa de treinamento imposto (fugir). É por isso que o processo leva tempo: se durante a vida tive quarenta crises de pânico, preciso de pelo menos quarenta enfrentamentos bem-sucedidos diante de situações "panicogênicas" para que os programas antipânico e pró-pânico fiquem em pé de igualdade e para que, pouco a pouco, meus reflexos sejam muito mais de permanecer calmo e de respirar melhor do que de me apavorar. Ocorre o mesmo com a raiva; quanto mais eu tiver me confrontado com situações irritantes, mas sem me irritar, mais meu programa de regulação emocional – "isso me irrita, mas sei como permanecer sereno e dizer calmamente que isso me irrita" – será resistente, funcional e se ativará antes mesmo do programa "se isso continuar, vou acabar com tudo!".

Num terceiro momento do programa de treinamento da mente: reforçar os circuitos cerebrais dedicados às emoções positivas – admirar, amar, ajudar, ter tempo para aprofundar e desfrutar dos momentos de calma e de paz, tudo isso para fortalecer as condições que me ajudarão a sentir essas coisas espontaneamente. ***Christophe***

Policlínica

Schopenhauer acreditava que a humanidade se assemelhava a uma taverna de bêbados, a um esconderijo de bandidos, a um asilo de loucos. Prefiro considerar a humanidade como uma vasta policlínica na qual todo mundo se dá as mãos, se fortalece, se apoia para avançar no caminho. Nas horas de grande sofrimento, sonhei com um lugar em que pudesse chegar ao guichê e ser acolhido sem nenhum julgamento: "Preciso de ajuda! Tenho de vencer essa dificuldade. Estou no limite das minhas forças". Todos os dias nessa policlínica precisamos arregaçar as mangas para nos tornar bodisatvas, mecânicos, funileiros do ser vivo. E cabe a Chogyam Trungpa lançar um apelo radical: "É preciso trabalhar duro para ajudar o outro diretamente, sem usar luvas de proteção, nem mesmo para limpar o vômito". ***Alexandre***

Preconceitos

Em *A Gaia Ciência*, Nietzsche escreveu que filosofar é prejudicar a estupidez. Cada um de nós carrega em sua vida um montão de preconceitos, de projeções e por isso acaba vivendo apenas em seu mundo, fechado dentro de uma sala de projeção, afastado dos outros, de seu verdadeiro eu, do mundo real. Prejudicar a estupidez é contemplar nosso próprio interior, é identificar as certezas às quais somos aferrados. O sociólogo Pierre Bourdieu oferece um magnífico instrumento para sair em busca da liberdade: o *habitus*. *Habitus* é um "modo de ação, de comportamento consciente e voluntário de um indivíduo em um grupo social determinado". São muitas as influências que nos manipulam, que nos modelam, que nos constituem.

É como se desde a infância fôssemos mergulhados num banho do qual absorvêssemos determinada maneira de enxergar o mundo, de sentir e de viver nele. Ainda hoje essa herança nos influencia e quase sempre é ela que nos faz reagir. Já que seria vão tentar fazer do próprio passado uma tábula rasa, é fecundo encará-lo com um olhar lúcido e assim encontrar nele a força para avançar sem precisar dos mecanismos de defesa, dos hábitos, de velhos esquemas, dos medos e temores, das expectativas jamais realizadas. ***Alexandre***

Presente

Às vezes, quando as preocupações e o medo do futuro me invadem, tento retornar ao tempo presente, tento me abrir ao aqui e agora para ver e desfrutar do fato de que neste minuto não sou vítima de uma parada cardíaca, de que nem tudo está perdido, de que uma imensa possibilidade de progresso está sempre sendo oferecida a nós. ***Alexandre***

VER TAMBÉM *MOMENTO PRESENTE*.

Primeiro passo

Para mergulhar de cabeça e seguir rumo à sabedoria, por onde começar? O primeiro passo, de importância capital, é tentar fazer um diagnóstico lúcido e bem factual. Epíteto, que se apresentava como um escravo em vias de libertação, nos ajuda a olhar sem hesitação para os *inimigos interiores*, os campos de batalhas, ou melhor, os pontos de vigilância, as grandes questões da existência, sem esquecer todas as regiões acrásicas de nosso ser. Para essa aventura, existem recursos: uma paciência infinita, uma perseverança alegre e despretensiosa e uma benevolência sem limites.

Sobrepujar a agitação cotidiana e prestar atenção na bússola interior nos imuniza contra muitos perigos. Reconhecer logo que sou vulnerável, influenciável, identificar as situações em que posso quebrar a cara, já é de grande ajuda. Ignorar a existência das relações tóxicas, de comportamentos que nos empurram para baixo, é viver na escravidão. ***Alexandre***

Processo mental

A mente pré-fabrica uma visão do mundo, da vida, do amor, de si, da alegria, do prazer. Ela tem uma opinião sobre tudo. Com sua bagagem de preconceitos, ela nos priva da experiência imediata e natural. Praticar a ascese talvez seja descobrir o que pertence à esfera do ego – a amargura, as preocupações, os conflitos, o desejo de agradar, a insatisfação – e encontrar a bondade primordial da existência, que, apesar dos medos e expectativas, atua sem cessar na plenitude do instante. Mas como acalmar a *besta*? Em plena balbúrdia, precisei improvisar um exercício vital: anotar os pensamentos, as emoções, os medos, atribuindo a eles uma nota de 1 a 10. Nessa escala sismográfica interior, o número 1 corresponde a uma ideia neutra, tranquila, que tanto faz como tanto fez. Quando a nota é 10, é hora de correr para o telefone a fim de evitar cometer o irreparável. Mesmo sendo bem básica, essa técnica tem o mérito de fazer com que me desligue um pouco dos pensamentos: "Ah, veja só: um 3"; "Aqui temos um 4"; "Ah, estou diante de um 6".

Para nossa infelicidade, acreditamos piamente em tudo o que surge na mente: convicções, fantasias, fobias, fantasmas, delírios. Às vezes, desobedecer a esses comandos, correr o risco de deixar tudo passar sem agir, pode ser um dos procedimentos mais eficazes. Em sua perversidade, a mente quer que o carrasco acabe alojando-se dentro de nós para sempre. Como o rei do pedaço, ele não sai mais dali e quer ser obedecido num estalar de dedos, num piscar de olhos, daí a infindável guerrilha. ***Alexandre***

VER TAMBÉM *RÁDIO MENTAL FM*.

Progredir

Epíteto apresentava-se como "um escravo em vias de libertação". Mesmo quando tropeço e quebro a cara, continuo sendo um *progrediens* – um ser humano que se ergue de novo e avança rumo à alegria da liberdade. Até o último suspiro, temos a possibilidade de progredir e, mesmo sussurrando, dizer sim a tudo o que surgir diante de nós. ***Alexandre***

VER TAMBÉM *ESFORÇOS ALEGRES, SIM, TROPEÇAR.*

Publicidade

Certo dia, estava em Nova York com Rabjam Rinpoche, o abade do Monastério de Shechen, quando nos vimos no meio da Times Square, praça famosa em todo o mundo, onde se concentram teatros, cinemas e grandes lojas de departamentos. Ali os arranha-céus são recobertos por imensas publicidades luminosas que anunciam os espetáculos em cartaz e fazem propaganda de diversas bebidas e produtos de confeitaria.

Contemplando alguns desses cartazes multicoloridos, cujas luzes piscavam em todas as direções, Rabjam Rinpoche comentou com ar pensativo: "Estão tentando capturar minha mente!". Claro que lá não era um lugar favorável para a liberdade interior.

Nos Himalaias, em lugar dos grandes outdoors em todas as esquinas, do tipo "Beba Coca-Cola!", o que se lê no flanco das montanhas, gravados sobre imensas fileiras de pedras brancas, são mantras, como o do Buda da Compaixão. As colinas são recobertas de bandeirolas estampadas com preces como esta: "Que todos os seres sejam felizes", que os ventos agitam em todas as direções.

A publicidade tem como objetivo nos fazer desejar tudo o que não precisamos. Se uma coisa é verdadeiramente necessária, a publicidade é inútil. Muitas vezes pensei em alugar espaços publicitários em uma grande cidade e colocar cartazes dizendo, por exemplo: "Viva melhor, compre menos!", "O consumo não traz felicidade", "Não compre o que é inútil para você". ***Matthieu***

VER TAMBÉM *NECESSIDADE, DESPOJAMENTO.*

R

Rádio Mental FM

Refiro-me à rádio Mental FM, que não para nunca de fazer comentários! Dia e noite julga, analisa, compara. Quanto mais dou importância a ela, menos fico disponível para o outro. Neste caso, o exercício é tomar consciência dos milhares de pensamentos que nos afastam do outro. Mesmo que seja impossível desligar essa emissora, basta ter consciência de que ela nos atordoa o tempo todo. É importante reconhecer que em determinados momentos somos tão invadidos por essas ondas sonoras que o outro quase deixa de existir. Como ouvir um pai que perdeu o filho se nós mesmos ficamos paralisados perante a ideia de que um drama desses pode acontecer com a gente? ***Alexandre***

VER TAMBÉM ***RUMINAÇÕES***.

Raiva

Quanto mais carregados de emoções negativas estamos, mais sobrepomos nossas fabricações mentais à realidade. A psicologia positiva, as terapias cognitivas e o budismo identificam-se neste ponto. Por ocasião de um encontro com o Dalai Lama, Aaron Beck, fundador das terapias cognitivas, explicou que, quando estamos dominados pela raiva, 80% de nossas percepções se sobrepõem à realidade. Se os seres humanos fossem atraentes ou repulsivos em si mesmos, todos sentiríamos atração ou repulsão pelas mesmas pessoas, o que não acontece. Como afirma o psicólogo das emoções Paul Ekman, não há evidências disso já que, quando estamos dominados pelo desejo ou pela raiva, atravessamos um "período refratário" que nos impede de perceber que a pessoa que odiamos naquele momento também tem qualidades, ou que aquela que desejamos loucamente também tem defeitos.

A raiva e outras emoções negativas têm outra característica sobre a qual o Dalai Lama sempre insiste: elas não precisam ser cultivadas para se desenvolver. Qualquer um pode sentir raivas explosivas sem precisar treinar um segundo sequer para isso. Jigme Khyentse Rinpoche, um dos meus mestres, costumava dizer: "Não é preciso exercitar a mente para que ela fique contrariada ou invejosa com mais facilidade; não precisamos de nenhum acelerador de raiva, nem de amplificador de amor-próprio". Em contrapartida, mesmo que alguém seja naturalmente paciente e benevolente, vai precisar de certo esforço para exercer mais essas qualidades.

Não é inútil querer dominar a raiva? Não é mais simples deixar que ela se esgote por si mesma? A experiência mostra que, se criamos o hábito de dar livre curso às emoções negativas, elas se comportam como uma infecção que não foi tratada a tempo: tornam-se cada vez mais fortes e enraízam-se na mente. Sucumbimos de novo ao seu domínio quando sua carga emocional tiver atingido um limiar crítico. Além do que, esse limiar não cessará de diminuir. Ficaremos enraivecidos num tempo cada vez mais curto e a ansiedade tomará conta de nós cada vez mais rápido etc. Mas não significa que se deva repelir as emoções, pois seria uma solução efêmera com poucas chances de culminar na paz interior. Porque das duas, uma: ou as emoções negativas são inerentes à mente, e nesse caso querer se livrar delas seria lutar contra algo que faz parte de nós e só poderia culminar em fracasso; ou então sua presença na mente deve-se a causas e condições transitórias e, por isso, seria possível livrar-se delas.

Devo acrescentar que a raiva também pode traduzir uma justa indignação, um sentimento de revolta diante de uma injustiça, como, por exemplo, de um massacre, gerando um ardente desejo de ajudar os outros. ***Matthieu***

Reagir ou responder

Os instrutores da meditação da atenção plena sempre estabelecem uma distinção pedagógica entre reagir e responder. A reação é imediata e impulsiva; a resposta é ponderada e refletida. Na vida, temos necessidade das duas: às vezes reagir rápido, às vezes responder ponderadamente. Mas, enquanto reagir não exige esforço – é instintivo (um golpe com outro golpe, por exemplo) –, responder, principalmente quando isso envolve emoções, demanda um aprendizado.

A prática regular da meditação da atenção plena nos oferece uma série de exercícios e de experiências insubstituíveis. Por exemplo, quando meditamos junto com nossos pacientes, explicamos que, se sentirem uma coceira no nariz, ou se começar uma câimbra na barriga da perna, eles podem coçar-se e movimentar-se. Mas também pedimos que não se comportem como de costume: antes de fazer qualquer coisa, que tomem um tempo a fim de observar o que se passa, como é a experiência. Respirar, identificar onde se situa exatamente o prurido, ou a câimbra, qual é sua intensidade, que pensamentos desencadeiam ("não estou aguentando, tenho de fazer alguma coisa"), quais são os impulsos do corpo (o braço já está estendido para coçar? Já começou a se mexer para mudar de posição?), observar se após alguns instantes a necessidade de se coçar, ou de se mexer, continua, se mudou, se desapareceu. Tentar primeiro responder, em vez de reagir no mesmo instante. É surpreendente como os pacientes constatam que nesse período de atenção plena, antes de obedecer ao impulso, às vezes a situação (prurido ou câimbra) ou mesmo a necessidade psicológica ("devo fazer alguma coisa") mudam sozinhas. É um bom treinamento, a partir de situações simples, para aprender a enfrentar situações mais complexas, principalmente diante de impulsos ligados à ativação emocional, como o medo e a raiva, por exemplo. Meditar regularmente é conceder a si mesmo um espaço de liberdade que oferece a possibilidade de escolher entre os dois. Esse espaço de liberdade consiste em estar presente, em observar o que se passa, mas sempre dar tempo ao tempo para não fazer nada com urgência (e discernir melhor o que é importante naquele instante). Se isso não for um bom exercício para fortalecer os músculos da sabedoria... ***Christophe***

Recaídas

Acontece com muita frequência na vida: acreditamos ter avançado e, pumba, tudo desaba; vem a recaída. A gente achava que tinha ficado mais sábio: mais tolerante diante de um conflito, mais calmo na adversidade, mais lúcido perante uma dificuldade. E aí acontece uma divergência mais provocativa do que as outras, um obstáculo inédito, ou que aparece num momento de fraqueza, e lá estamos nós de novo com nossas incoerências, erros e maus reflexos, sentindo a culpa de fazer as coisas erradas e a tristeza de perceber que retrocedemos. Se alguém na vida já realizou progressos lineares, sem recuos, sem recaídas, por favor, entre em contato comigo – estou curioso para encontrar meu primeiro exemplar de ser humano *rectoprogrediens*, isto é, que progride em linha reta. Seria como passar o dia inteiro praticando *trekking* de alta montanha sem tropeçar nenhuma vez. Isso significa que você jamais levantou a cabeça, jamais pensou em outra coisa, jamais deixou sua mente vagabundear e desfrutar de estar lá; mas que sua subida e sua descida tinham um único objetivo: não tropeçar. E aí, você desperdiçou todo o resto. No fim das contas, talvez as recaídas também sejam uma lição: a busca da sabedoria não deve desviar o olhar do espetáculo do mundo. ***Christophe***

VER TAMBÉM *PROGREDIR, TROPEÇAR*.

Redes sociais

Já comentamos muitas vezes, e com razão, que a hiperconectividade das redes sociais pode gerar uma forma de solidão. O que significa ter 1.500 "amigos" no Facebook? Certamente não é isso que em geral se entende por amizade. Uma socióloga observou que as mídias, estranhamente chamadas de "sociais", fazem com que o indivíduo se sinta absolutamente só, mesmo estando conectado com muita gente. Lembro-me de uma caricatura em um jornal que representava um grande prédio à noite. Em cada uma das centenas de janelas iluminadas, via-se uma pessoa sentada diante do computador que "se comunicava" com alguém, mas que estava completamente só. Um jovem de 16 anos, grande usuário das mensagens de textos, confessou com certo pesar: "Algum dia, mas não hoje, eu gostaria de aprender a conversar". Passamos da conversação à conexão. As trocas eletrônicas são concisas, rápidas, por vezes brutais. As conversações humanas face a face são de natureza diferente, pois evoluem mais devagar, são muito mais equilibradas e sutis; o interlocutor percebe as expressões faciais do outro, o tom da voz, a postura corporal, fatores que favorecem a empatia e a ressonância emocional.

É inegável que as redes sociais oferecem aos cidadãos do mundo um potencial sem precedentes de reunir-se, de permanecer em contato com os amigos, de escapar do controle dos regimes ditatoriais e de unir forças em prol de uma causa nobre. Mas essas redes também tornaram-se uma vitrine do narcisismo que permite que cada um possa atrair o máximo de atenção sobre si mesmo. O slogan do YouTube é "*Broadcast yourself*" ("Divulgue-se"). Nos Estados Unidos, certas páginas do Facebook abrem com o logo "I Love ♡ Me", "Eu me amo". O narcisismo não traz felicidade, nem a nossa, nem a dos outros! ***Matthieu***

Relações difíceis

Com frequência, a ligação com o outro pode azedar. Sem falar das relações tóxicas que deterioram completamente a vida. Sobre esse tema, um amigo meu me deu uma lição preciosa. Toda vez que vai visitar a mãe em um lar de idosos, ele se prepara, como ele mesmo diz, "para descer ao fosso contaminado de Chernobyl". E acrescenta: "Sempre espero receber uma rajada de ondas negativas, uma montanha de reprovações, um vagão de críticas". E Deus sabe o quanto ele ama a mãe, razão pela qual faz de tudo para evitar estragar a relação. Ele tenta introduzir um pouco de liberdade no meio da confusão. Quantas vezes na vida nos vinculamos a pessoas que só nos oferecem migalhas de afeição, sem jamais saciar a sede do nosso coração? Pior ainda, podemos nos relacionar e até mesmo trabalhar com mulheres e homens cuja especialidade é nos colocar para baixo.

Swami Prajnanapada resume isso muito bem: um cão sempre chega perto de seu dono na esperança de conseguir sua ração, mesmo que o dono seja malvado e o espanque toda vez. Seja por fidelidade ou por necessidade, o corajoso animal está sempre disposto a receber os golpes violentos, a reviver indefinidamente os traumas e a se acorrentar ao seu carrasco. Até que ponto estamos dispostos a sofrer para satisfazer nossas carências e obter a magra ração de que sentimos tanta falta? Dá até para apostar que muita gente que não recebeu nenhum tipo de amor incondicional, e eu me considero o primeiro da lista, humilha-se para conseguir algumas migalhas. Aí mora o perigo da dependência, da alienação.

Felizmente, existem milhares de caminhos para nos libertar dessa prisão. Por que deveríamos conceder a alguém o direito de vida ou morte sobre nossa alegria? Qual é a vantagem de delegar nossa paz interior a alguém? Mais uma vez, Spinoza nos afasta de qualquer tipo de charlatanismo. Ele afirma que é por meio de uma afeição muito maior que conseguimos vencer uma paixão triste. Concordo; a fim de destruir uma ligação nociva, sem se esgotar na luta, é

preciso cultivar uma aspiração muito maior, mais vasta: por exemplo, o desejo de rodear-se de pessoas, de libertar-se, de estabelecer relações verdadeiras e de buscar a Iluminação. Grosso modo, essa ascese alegre faz com que deixemos de lado esquemas repetitivos.
Alexandre

VER TAMBÉM *DISCÓRDIA*, *LAÇOS*.

Remorso

O domínio do remorso tem sido vastamente estudado pelos cientistas, já que no plano psicológico constitui uma causa de perda energética. Existem várias maneiras de compreender o remorso: distingue-se primeiro o "remorso quente" – aquele que intervém imediatamente após a pessoa ter agido – e o "remorso frio" – aquele que é sentido um dia, um mês ou anos depois, quando de repente a pessoa toma consciência de alguma coisa; um exemplo disso são os adultos que, ao se tornarem pais, têm consciência de suas atitudes injustas de quando eram adolescentes em relação aos próprios pais.

Distinguem-se ainda o remorso de ação e o remorso de não ação. Posso sentir remorso por haver dito alguma coisa, mas também posso ter remorso por não ter dito nada. Os pesquisadores demonstram que o remorso de ação (fiz alguma coisa que não deu certo e é doloroso para minha imagem, para meus interesses e às vezes até para o bem dos outros) vai provocar remorso quente, já que a situação é imediata: eu agi, fracassei e sinto a dor do fracasso. Com frequência, a fim de evitar sentir remorsos quentes, alguns refugiam-se na não ação, pois uma maneira de não ter remorsos quentes é não fazer nada. Mas ninguém pode se prevenir de ter remorsos frios, já que é possível sentir remorso pela não ação: eu poderia ter feito isso, poderia ter feito aquilo, deveria ter feito aquilo, mas não fiz.

Resumindo, quando se pede a voluntários que façam um balanço do que, segundo eles, teria sido mais prejudicial em sua existência, o mais frequente é sentirem remorso de coisas que não fizeram do que de coisas que fizeram. Durante o tempo de uma vida humana existe uma batelada de coisas que não tentamos fazer ou que não tivemos a coragem de fazer, e isso acarreta no longo prazo remorsos que abrem um mundo de virtualidades bem maior do que os remorsos de ação trariam. Por exemplo, se não ousei falar com alguém que me agradava, posso ruminar longamente meu remorso (e se eu tivesse feito isso e se tivesse dado certo, minha vida teria mudado). Mas se falei com a pessoa e a coisa para mim não funcionou, não terei muita coisa a ruminar: foi um fato, o real expressou-se, e nada mais me resta a não ser partir para outra coisa! ***Christophe***

O CONSELHO DE CHRISTOPHE

- Exercício pedagógico: não adianta dizer "eu não deveria ter feito..." se isso não for seguido de um "o que vou fazer a partir de agora?" e se não estiver subentendido um "o que isso me ensinou?". Essas coisas devem andar juntas. Partir rápido para a ação sem ter aceitado a aguilhoada do remorso ou o peso da culpa não é muito bom. Mas ficar preso ao remorso e à culpa sem fazer nada a respeito também não é nada bom. O remorso pela ação anterior deve ser útil para a ação seguinte. E não para ruminações posteriores!

Renúncia

A palavra tibetana que se traduz como "renúncia" evoca na verdade a determinação indômita de libertar-se do *samsara*. Em dado momento não se suporta mais a adicção às causas do sofrimento. Quando um pássaro escapa da gaiola, não se pode dizer que ele renunciou à gaiola, mas que se libertou dela. Quer a gaiola seja de ferro ou de ouro, a situação não muda em nada. ***Matthieu***

Rótulos

Quanto mais me reduzo a um rótulo, mais sofro. Mestre Eckhart sempre convida seu leitor a desapegar-se de si mesmo. Também posso experimentar uma centena de vezes ao dia não ser "o ansioso de plantão", nem "o irritado que perde a cabeça", nem "o filósofo", nem "o deficiente físico". Praticar a ascese é despojar-se de todas as identificações às quais nos reduzimos, para morrer e renascer aqui e agora. Parar com essa mania de fixação da mente, que a todo instante nos aprisiona ao mundo material, eis o grande desafio. ***Alexandre***

VER TAMBÉM *ASCESE*.

Ruminações

Em geral, na terapia, aconselhamos o paciente a se fazer três perguntas para saber se está refletindo ou se está ruminando sobre um assunto:

1. Desde que você começou a pensar nesse problema, isso o ajudou a encontrar uma solução para ele?
2. Mesmo que não tenha encontrado uma solução, será que pelo menos está vendo as coisas um pouco mais claras?
3. Você não encontrou nenhuma solução, não vê as coisas mais claras, mas isso lhe trouxe algum alívio?

Se respondeu não às três questões, significa que você não está refletindo a respeito de seu problema, mas sim ruminando sobre ele. Nesse caso, a melhor solução a fim de parar com a ruminação é ir fazer jardinagem, caminhar, correr, prestar um serviço a alguém, em resumo, partir para outra esfera de ação. Ou então conversar com um amigo, não para ruminar juntos, mas sim para lembrar-se de outras coisas! ***Christophe***

VER TAMBÉM ***RÁDIO MENTAL FM***.

Sábios e mestres em humanidade

Em *Assim falou Zaratustra*, Nietzsche evoca um rebanho sem pastor. Onde estão nossos guias, nossas referências? O que nos governa? A ditadura do "coletivo", a doxa, a lei de mercado, o egoísmo cego, o individualismo desenfreado? Fazer essa pergunta a si mesmo já é avançar a passos largos rumo à liberdade. Em todo caso, o apelo é para sermos no fundo o que somos, para deixarmos de nos apoiar em modelos ilusórios e ídolos para humildemente nos desviar da alienação. Com o objetivo de escolher a direção certa nessa nova via, vamos dirigir o olhar sem demora àqueles e àquelas que podem nos inspirar e, em caso de necessidade, nos oferecer uma mão!

A cada instante, o dia a dia nos oferece mestres em humanidade. Quando o pânico me invade, adoro contemplar esses privilegiados, esses *hiperfavorecidos* que vivem além da angústia. Felizmente, junto com os filósofos que me nutrem e me apoiam, tenho os amigos do bem, testemunhas que atestam sempre, e por toda parte, a bondade da vida. Abrir-se aos laços humanos é voltar para a escola, é deixar-se ensinar, é deixar-se tocar por eles. E cada dia traz sua lição. Um sorriso no metrô, um ouvido atento, a mão estendida, tudo são ensinamentos e ocasiões para desaprender os mecanismos de defesa, para avançar de peito aberto rumo ao verdadeiro encontro.

O imperador romano Marco Aurélio, na abertura de seu livro *Meditações*, faz a conta do que havia recebido das pessoas próximas, de seus pais, dos deuses. E se também fizéssemos esse exercício de gratidão para ver como o outro nos cria, nos nutre e nos habita? ***Alexandre***

Sábios e mestres espirituais

Um sábio não nos inspira apenas por um aspecto particular de sua vida, mas pelo conjunto das qualidades humanas, intelectuais e espirituais, pelos conhecimentos e por sua maneira de ser. Por sua sabedoria, altruísmo, ética, coerência e liberdade interior, ele é a referência perfeita. Além disso, um sábio autêntico sempre manifestará suas qualidades em qualquer tempo e em qualquer circunstância, tanto privada como publicamente. Meus dois principais mestres, Kangyur Rinpoche e Dilgo Khyentse Rinpoche, comportavam-se da mesma maneira diante de um humilde camponês ou de um rei. O mesmo acontece com o Dalai Lama, que trata do mesmo modo tanto a pessoa que trabalha no andar do hotel em que se hospeda como um chefe de Estado. Enfim, as qualidades de um mestre espiritual devem ser verificadas a longo prazo, pois o "faça o que eu mando, não faça o que eu faço" está fora de questão. A perfeita coerência do sábio gera uma confiança inquebrantável em sua integridade. De nada adianta uma bela aparência exterior maculada por comportamentos deploráveis e obscuros.

No Tibete e no Butão, por exemplo, sempre que alguém chega a algum lugar, logo pergunta onde residem os sábios da região, na firme intenção de encontrá-los. Quem pode imaginar alguém chegando a Paris e perguntando em que rua se encontra o sábio do bairro! Todos vão achar que essa pessoa é louca. Em geral, todos perguntam onde fica o supermercado ou a academia mais próxima. Ouvi falar de uma delegação de indígenas, representantes do povo Kogi, habitantes das altas montanhas da serra Nevada de Santa Marta, na Colômbia, que ao chegarem a Paris disseram: "Queremos encontrar seus sábios". Seus anfitriões entreolharam-se e não souberam o que responder. Apresentá-los a algum um ministro certamente não seria a solução. "Lamentamos, mas esse artigo está em falta."

Em inúmeras culturas budistas dos Himalaias, os sábios ainda têm papel central na sociedade. O respeito que se tem por eles é diferente do que se demonstra pelos soberanos; o povo tem admiração e devoção pelos sábios. As pessoas os procuram como as abelhas pelas flores, sem que eles tentem atraí-las ou retê-las. Um mestre espiritual é um doador de liberdade interior, não um tirano cuja intenção é controlar nossa existência em proveito próprio. Ele não tem nada a perder nem a ganhar, mas tudo para dar.

Durante anos, o Dalai Lama sugeriu a criação de um Conselho Internacional composto de sábios, de Prêmios Nobel da Paz, de cientistas, de pensadores eminentes e de empreendedores sociais. Ele argumentava que as Nações Unidas deveriam exercer esse papel, porém os representantes que lá ocupam a função são naturalmente induzidos a defender os interesses de seus respectivos países e por isso têm dificuldade em priorizar os interesses da população mundial e do planeta. Esses sábios poderiam expor suas opiniões sobre as graves questões que afetam o mundo, mas de uma forma que transcendesse os interesses nacionais. Infelizmente, ninguém aparentou verdadeiro interesse nessa proposição. Apesar de tudo, mas de maneira mais restrita, foi mais ou menos isso que tentou realizar o grupo *The Elders* [Os Anciãos], do qual faziam parte Jimmy Carter, Desmond Tutu, Mary Robinson e uma dezena de outros. Mas quando convidaram o Dalai Lama para integrar o grupo, os chineses fizeram tamanho alarido que a coisa não deu certo. O grupo continua a reunir-se de tempos em tempos, mas ninguém faz grande caso de suas recomendações. O que é uma enorme pena. ***Matthieu***

Seguir em frente

Se eu tivesse de resumir a prática da meditação em poucas palavras, optaria sem hesitação por "seguir em frente". É tentar em pleno caos, bem no fundo dos campos de batalha interiores, ter a experiência do não controle, do desapego de si. A coisa pode virar uma zona, mas não custa tentar! Diferente de desistir, de resignar-se, seguir em frente, não se entregar, é saber distinguir os psicodramas, os problemas criados pela mente, do que é realmente a tragédia da existência, que precisa de solidariedade, empenho e perseverança. ***Alexandre***

Sexualidade

Nietzsche não usou meias-palavras quando escreveu na obra *Além do bem e do mal*: "É o baixo ventre que impede o homem de considerar-se um deus". É o ser humano inteiro que precisa mudar. É o homem e a mulher, seu intelecto, coração, razão, paixão, pulsões. A ascese plena de alegria consiste em parar de uma vez por todas com a avidez, a cupidez, a concupiscência e adotar um olhar contemplativo. Como seria agradável e fácil levantar de manhã sem sentir falta de nada, sem ter necessidades, sem ter expectativas! Exatamente como ensina Chogyam Trungpa, é no cerne das nossas contradições que precisamos de treinamento, que precisamos nos religar ao real. Não vamos esperar ser perfeitos para nos lançar na aventura, para desfrutar da paz! Epíteto sugeria fazer amor "como quem não quer nada", sem tirania nem obsessão, sem excesso nem dramas, sem qualquer tipo de perversão. Subestimar o corpo, olhar para ele de cima de um pedestal, é condenar esse nobre veículo sem ter feito nenhum trabalho com ele. Como é libertador ler o que Paul Ricoeur diz a respeito: "Definitivamente, quando dois seres se abraçam, eles não sabem o que estão fazendo, não sabem o que querem, não sabem o que procuram. O que significa esse desejo que os atrai um para o outro? Seria o desejo do prazer? Sim, com certeza. Mas essa resposta seria insuficiente, já que pressentimos que o próprio prazer em si não tem sentido, mas é simbólico. Mas de quê? Temos a consciência viva e obscura de que o sexo participa de uma rede de forças na qual as harmonias cósmicas são esquecidas, mas não abolidas; de que a vida é muito mais do que a vida; o que quero dizer é que a vida é muito mais do que a luta contra a morte, do que um adiamento do momento fatal; que a vida é única, universal, que preenche todo o nosso ser e é desse mistério que o prazer sexual faz participar".

Somos transmissores de uma força, de uma energia que nos ultrapassa de longe. Nosso grande desafio é jamais decair e ser dominados pelo desejo de poder, pela coisificação dos outros. Swami Prajnanapada nos oferece uma preciosa ferramenta para isso: "Amar consiste em ajudar o outro a relaxar suas tensões". Um bê-á-bá rudimentar, essencial. ***Alexandre***

Silêncio

Minha querida mãe sempre me diz: "O silêncio é a língua do futuro". Lá do meu monastério no Nepal, vejo a cadeia dos Himalaias estender-se diante de mim por mais de 200 quilômetros. O silêncio é tão perfeito que consigo ouvir as vozes dos camponeses há mais de um quilômetro de distância e, às vezes, até o ruído surdo de uma tempestade que se aproxima e aumenta de intensidade antes de chegar até onde estou. O silêncio exterior abre as portas para o silêncio interior. Fica ainda mais fácil experimentar o frescor do momento presente que nos aproxima da natureza primordial das coisas.

Lembro-me muito bem de uma manhã de outono, eu sentado à beira do grande lago Manasarovar, há 4.600 metros de altitude, perto do monte Kailash. O céu era de um azul intenso e a luminosidade quase ofuscante. O silêncio era perfeito. De súbito, ouvi distintamente um grasnido que reconheci como sendo dos patos escarlates. Escrutinei os arredores sem conseguir localizá-los, mas logo depois percebi que flutuavam pacificamente a uns 200 metros da margem do lago. Seu grasnido tinha se propagado pela superfície da água e eu os ouvi como se estivessem bem pertinho de mim. Tive então consciência de que a meditação acontecia tanto no exterior como no meu interior. Aí pensei num episódio da vida do grande iogue Shabkar, que viveu no começo do século XIII, porque um dia ele também esteve às margens daquele mesmo lago e mais tarde escreveu: "Certo dia, enquanto descansava às margens do lago, experimentei uma liberdade isenta de qualquer objeto de concentração, um estado de clareza vasto e espontâneo". ***Matthieu***

Sim

Prosseguir no caminho do sim e suspender qualquer tipo de explicação, essa talvez seja a essência da prática. ***Alexandre***

VER TAMBÉM *ACEITAR*.

Sociedade desperta

Abrir-se para uma vida espiritual, escolher um caminho de libertação não é isolar-se, retirar-se de tudo, viver seguro em um *bunker* de paredes reforçadas. Muito pelo contrário; exige-se engajamento, mobilização em prol dos outros, da comunidade, da família humana. Mas que fazer? Como agir? Que peso têm *meus* esforços diante do oceano de sofrimentos e injustiças? Reabilitar o coletivo, o "nós", eis o mais urgente dos desafios! O processo do desenvolvimento pessoal faz acreditar que todo mundo pode fabricar para si um bem-estar solitário. Nada mais falso. A interdependência e nossa natureza fundamental são permeadas por laços, pela solidariedade. A maior parte da violência, do mal-estar social, provém do fato de que o homem pode ser ganancioso, neurótico, e de que, no fundo, se ama muito pouco. Daí a necessidade de arrancar o ódio, a falta de autoestima do coração e entregar-se livre e feliz aos outros. Cada um de nós guarda em si um potencial infinito, virtudes imensas e uma quantidade incrível de tijolos para agregar ao edifício comum.

Trungpa, junto com tantos outros, espera de todo o coração por uma sociedade desperta. É sempre bom ouvir o que diz: "Não se pode mudar a maneira de *ser* do mundo; em contrapartida, ao nos abrirmos para o mundo *tal qual ele é*, podemos descobrir que a ternura, o saber viver, a intrepidez são coisas acessíveis para nós; de fato, são acessíveis a todo ser humano"[2].

Coragem, não violência, benevolência, altruísmo são sementes, são uma forma alegre de contradizer o individualismo, o egoísmo e todas as pragas que gangrenam o viver juntos. Qualquer trabalho consigo mesmo culmina na dádiva, na generosidade, caso contrário não vale uma hora de esforço.

Trabalhar em prol de uma sociedade desperta, mais sábia, mais solidária, não é passar por uma lavagem cerebral, nem impor uma ideologia conservadora. Mas sim ouvir a voz da comunhão, do progresso, da igualdade social; é comprometer-se em oferecer a todo mundo os meios de acessar a felicidade e a liberdade. Não são desafios hercúleos, nem tarefas sobre-humanas. Os progressos, as mudanças também são gerados no calor do dia a dia. Lembro-me insistentemente do aforismo 589 do livro de Nietzsche, *Humano, demasiado humano*: "A melhor maneira de começar o dia é, ao acordar, imaginar se nesse dia não podemos dar alegria a pelo menos uma pessoa". Um pensamento em si já bastante revolucionário!

A sabedoria desenvolve-se também numa inteligência coletiva, na qual cada um tem seu lugar. Ela frutifica, enraíza-se nas ações. Na prática, o exercício espiritual consiste em perguntar a si mesmo desde o raiar do dia: "Como vou me unir e me doar hoje à humanidade?". ***Alexandre***

Sócrates

No livro *Apologia de Sócrates*, Platão compara o filósofo a uma mutuca que pica e acorda os animais que estão com os arreios um pouco frouxos. Considerado uma figura tutelar de nossa tradição ocidental, Sócrates atiça sem cessar o sentido do verdadeiro e desde épocas remotas lança seu célebre adágio "Conhece-te a ti mesmo".

2. Chogyan Trungpa, *Shambhala, La voie sacrée du guerrier*, Seuil, 1990. p. 136. [*Shambhala: A trilha sagrada do guerreiro*. Cultrix, 1984.]

Um estimulante convite que nada tem a ver com a introspecção prosaica e narcísica. O maltrapilho de Atenas abre um caminho em direção à interioridade. O gênio da maiêutica sabe que não sabe nada. Como um verdadeiro *sniper* dos preconceitos, a prioridade dele é escorraçar doxas, estereótipos e todo esse caos no qual um indivíduo é capaz se fechar. É como se, para sair da prisão das nossas certezas vãs, tivéssemos necessidade de levar alguns pontapés no traseiro de uma espécie de "consciência pesada". Quando segura na mão o cálice de cicuta, Sócrates dá sua derradeira lição. Embora pudesse fugir, ele aceita sem pestanejar aquele veredito injusto. Como escreveu Platão em *A República*, será que Sócrates acreditava mesmo que "o que dá nascimento à sociedade é o estado de impotência em que cada homem se encontra quando quer acreditar que basta a si mesmo"? Sócrates não tem medo nenhum de morrer quando leva aos lábios o potente veneno. Ele havia vivido a filosofia como um exercício de completo desapego. Filosofar é aprender a morrer, proclama o *Fédon*. Para não ceder à amargura, ele tem um poderoso remédio. Seus juízes desonestos, arbitrários, parciais não escapam do princípio da benevolência. Ninguém é malvado de livre e espontânea vontade.

Se em dado momento eu não tivesse cruzado o caminho de Sócrates, não teria chegado aonde estou. Esse incidente, esse acidente de percurso, me fez desviar e abandonar um caminho totalmente traçado. Certo dia, entrei numa livraria para sair dali completamente diferente. Entrei acompanhando uma jovem e, para não perder a paciência, comecei a ler uma página dos *Diálogos*, de Platão. Aquilo foi para mim um momento de inspiração, o nascimento de uma vocação: chegar bem no fundo de mim mesmo, não para trabalhar a fim de viver melhor, mas para dedicar-me com afinco a fim de viver sendo melhor. Eu detestava livros, já que os considerava inúteis, incapazes de responder minhas perguntas, esclarecer minhas dúvidas, a razão do meu mal-estar. Quase no mesmo instante comecei a bancar o Sócrates, a questionar os determinismos, a ir fundo nas coisas, a avaliar tudo, a tentar compreender.

"Por que existem pessoas deficientes?" "Se Deus existe, por que ele nos deixa viver tão longe dos nossos pais?" Felizmente, na instituição em que cresci, havia um capelão, um homem muito sábio, o padre Morand. Sua bondade e sua existência inteiramente dedicadas aos outros me venceram e me conquistaram. Graças e ele e ao meu novo companheiro, recém-chegado da Grécia Antiga, minha aventura estava prestes a começar. Eu era um adolescente indefeso que, de um dia para o outro, resolveu lançar-se em busca do progresso. Daí a desejar entrar para a filosofia, como quem entra para uma ordem religiosa, bastava apenas um passo. Sem Sócrates, sem o bondoso padre Morand, o salto certamente jamais poderia ter acontecido.

Para ser bem sincero, ao lado de Jesus e do Buda, esse sublime pensador me ajuda até hoje. Todos eles, aliás, são mestres da vida. Nenhum dos três jamais escreveu qualquer coisa; mas os três nos apoiam quando se trata de construir uma arte de viver e de nos guiar rumo a uma transformação interior. Como segui-los aqui e agora? Que passos precisamos dar, não para imitá-los, mas para crescer em sua companhia? ***Alexandre***

Sofrimento

A palavra "sofrimento" engloba todos os estados mentais percebidos como indesejáveis. O ponto de partida pode ser uma dor física, um estado mental como o desespero, o medo ou qualquer outro sentimento que gostaríamos que desaparecesse. O sofrimento pode ser efêmero, como algumas dores de cabeça, ou persistentes, como o desespero, a perda de sentido da vida ou um mal-estar profundo. Por que temos a faculdade de sofrer? Do ponto de vista da evolução, o sofrimento favorece a sobrevivência: a dor física é um sinal de alerta que informa que alguma coisa ameaça nossa integridade física. Aqueles que não têm nenhuma sensibilidade à dor correm perigo de morte. Os hansenianos, por exemplo, cujos membros se tornam insensíveis, continuam a andar com os cotos, o que agrava a degradação do corpo. Outros podem sofrer queimaduras terríveis sem se darem conta disso. O sofrimento mental também é um sinal de alerta interior. Ele me adverte que eu devo me tratar para reestabelecer meu equilíbrio mental.

O sofrimento manifesta-se em diversos níveis, e isso o budismo encarregou-se de identificar com clareza. O sofrimento não se limita ao que aparece como desagradável – a dor física intensa ou um acontecimento trágico que irrompe em nossas vidas. O sofrimento tem aspectos muito mais sutis que não pertencem ao domínio imediato do sentir. Existe, por exemplo, "o sofrimento ligado à mudança", que ocorre devido ao caráter impermanente de tudo o que surge para nós como prazer ou felicidade. Se somos belos, gozamos de boa saúde e tudo vai bem para nós, inconscientemente ficamos apegados à ideia de que essa situação vai durar para sempre, e esse apego é o ponto de partida para um processo inevitável de sofrimento, já que tudo muda continuamente, mesmo que não percebamos. Um dos meus mestres espirituais expressava essa verdade de uma maneira bem brutal: "O que vocês costumam chamar de felicidade, nós chamamos de sofrimento".

O budismo fala também de outro tipo de sofrimento, ainda mais imperceptível que o da mudança. Às vezes, temos a sensação de que nada jamais é satisfatório, mesmo quando temos tudo para ser felizes. Esse é o sofrimento latente, ligado à nossa percepção distorcida da realidade. Para o budismo, essa percepção errônea é uma das definições da ignorância. Se acreditamos que as coisas duram e que são *por si mesmas* desejáveis ou indesejáveis, belas ou feias, benéficas ou perniciosas, vivemos em estado de inadequação com a realidade, e a consequência só pode ser a insatisfação. Enquanto não conseguirmos dissipar a ignorância fundamental, que gera esse fosso entre nossas percepções e a realidade, estaremos destinados ao sofrimento.

De acordo com o budismo, o sofrimento tem pelo menos uma qualidade: ele traz o desencantamento diante da felicidade ilusória e encoraja a pessoa a libertar-se das causas profundas do mal-estar.

Quando o Buda ensinou a "verdade do sofrimento", a primeira das Quatro Nobres Verdades, seu objetivo não era fazer que seus seguidores mergulhassem numa visão pessimista da vida, mas sim que tivessem consciência do mal-estar que sentiam. Então, como faz um bom médico, explicou as causas desse mal-estar. A Segunda Nobre Verdade trata exatamente das causas do sofrimento, ou seja, da ignorância e dos venenos mentais. Depois, ele mostrou que apenas compreender as causas do sofrimento não adianta nada, a não ser que se faça um esforço concentrado para libertar-se delas. Se essa tarefa for impossível, o melhor será, como sempre diz o Dalai Lama, "tomar uma cerveja, ir à praia e, de preferência, não pensar mais no sofrimento". Mas assim como todas as coisas, as causas dos sofrimentos são impermanentes, e isso significa que podemos nos livrar delas. Portanto, a Terceira Nobre Verdade ressalta o fato de que o sofrimento não é irremediável. Ele não se deve nem ao acaso, nem a uma vontade divina, mas provém de um erro fundamental. E já que esse erro não tem realidade em si mesmo, ele não passa de ausência da verdade. Basta ter consciência disso para que o erro desapareça, por mais profundo que seja, da mesma maneira que basta acender uma lâmpada para dissipar as trevas de uma caverna, mesmo que mergulhada na escuridão há milhões de anos. Se é possível eliminar as causas do sofrimento, a próxima etapa consiste em ativar os meios de concretizar isso. Tal é o objeto da Quarta Nobre Verdade, que descreve o caminho que conduz da ignorância ao conhecimento, da servidão à liberdade, do sofrimento à felicidade. ***Matthieu***

Solidariedade

Conviver com os menos privilegiados quando eu era ainda muito jovem transmitiu-me certo gosto pela solidariedade. Alguns insistem em dizer que o homem é malvado e egoísta e que só pensa em si mesmo. O que vivi com meus colegas de infortúnio foi exatamente o oposto: uma solidariedade natural, uma benevolência espontânea, um desejo de progredirmos juntos. Em uma simples palavra, um generoso altruísmo. Diante de um destino pouco clemente, demo-nos os braços. É preciso desmistificar essa ideia de que o homem é egoísta por natureza. Ao contrário, encontrei uma bondade pura, sem intenções, no coração de muitos homens e sobretudo nas crianças. Por que razão desaprendemos essa inocência?

Não deixa de ser verdade que o espetáculo do cotidiano e a mais simples observação de si mesmo revelam muitas e muitas perversões, como a inveja, a maledicência, o escárnio, imperfeições humanas difíceis de extirpar. Mas tudo isso não me impede de acreditar na grandeza do homem. É *preciso* redobrar as forças, ir ao fundo de nós mesmos, para nos reconectar com a natureza profunda do nosso ser, que não tem nada a ver com esses mecanismos emocionais. ***Alexandre***

Sutra do Diamante

Por meio de um simples refrão, o *Sutra do Diamante* oferece uma formidável ferramenta que me faz mudar a cada instante: "Buda não é Buda; sou eu que o chamo de Buda". É uma prática que me ocupa quase todo o tempo e que me ajuda a enfrentar os altos e baixos da existência. Quando estou mal, sempre pego esse livro, não para buscar armas de defesa, mas sim para encontrar um instrumento de vida – "a deficiência física não é deficiência física; sou eu que a chamo de deficiência física".

Esse refrão nos convida a entender que nada neste mundo é estável e a perceber que uma coisa pode ser ao mesmo tempo uma calamidade e uma oportunidade. Isso implica refutar uma lógica binária – a prisão do dualismo. A cada segundo, posso viver a deficiência física de uma maneira diferente. Já que sei que a tendência da mente é coisificar e rotular tudo, repito para mim mil vezes por dia: "Alexandre não é Alexandre: sou eu que o chamo de Alexandre".

O que há de formidável nessa frase mágica é que ela me ajuda a jamais me fixar nas minhas feridas, sem por isso negá-las. O que importa é ter consciência de que projetamos na realidade uma porção de preconceitos para depois, pouco a pouco ir eliminando todos eles. Sem parecer ingênuo, é claro que posso chamar um gato de gato, mas sabendo que o real é sempre muito mais denso do que posso imaginar. O exercício é me desapegar, é tentar me livrar de todas as fixações egoicas e me conectar incessantemente com o fluxo da vida. Assim, "minha esposa não é minha esposa; sou eu que a chamo de minha esposa". Graças a esse texto esclarecedor, todo dia descubro que os seres humanos são infinitamente ricos, e paro de reduzi-los a simples representações. Entender que em minha mente corre um rio de pensamentos e de reflexões já é deixar de levar a sério demais tudo o que me passa pela cabeça. ***Alexandre***

VER TAMBÉM ***RÓTULOS***.

Tédio

E se a mente tivesse sempre necessidade de roer um osso, de afiar os dentes, de sentir-se viva lutando contra a adversidade, de encontrar um inimigo, interior ou exterior, para justificar sua existência? E se começássemos a praticar a arte do repouso, da recreação, da não luta, sem precisar dessas montanhas-russas interiores para sentir a vibração da vida? É no mínimo absurdo que em certos dias acabemos preferindo a agitação e não a calma e a placidez. Domesticar o tédio não é tarefa fácil, ainda mais numa época em que a hiperestimulação vem de toda parte. No entanto, sem um certo gosto, sem uma curiosidade pelo tédio, como encontrar alegria mesmo nas coisas banais, nos milagres corriqueiros que acabaram passando despercebidos? ***Alexandre***

Tirania

Na fachada do templo de Apolo, em Delfos, os gregos da Antiguidade podiam ler a célebre expressão "*Gnôthi seautón*" – "Conhece-te a ti mesmo" –, que abre o caminho para a interioridade, para o aprimoramento de si, enfim, para a filosofia. A grande saúde implica uma harmonia, a descoberta de um equilíbrio em constante movimento. Com o intuito de nos libertar, convém identificar nossos tiranos interiores, aqueles que nos submetem inexoravelmente ao medo, à tristeza, à raiva, às paixões tristes. A quem confiamos o controle remoto da nossa vida? Como deixar de parecer dóceis fantoches, marionetes sem coluna vertebral, sem disciplina interior? Quais os meios de que dispomos para deixar de lado o modo "piloto automático" para criar, para nos entregar generosamente?

O desafio consiste em desobedecer aos próprios déspotas internos, deixar os campos de batalha, as guerras civis que podem acontecer dentro de um corpo. Por que condenar, culpar uma parte de si, quando o mais urgente é reconciliar-se e dirigir-se para o bem? A paz e a alegria requerem uma atitude bem mais sutil: não desprezar nada, não odiar nada, mas integrar, ousar uma coabitação fecunda. ***Alexandre***

Tolerância

Conforme o caso, a tolerância, pode ser prova de uma abertura construtiva ou de uma passividade nefasta. Um médico "tolera" um louco furioso em vez de usar de brutalidade, já que sua missão é tratá-lo. Mas não se espera que alguém aceite o inaceitável, e a tolerância não deve gerar uma atitude permissiva diante da injustiça, da discriminação, da violência. A abertura da mente está associada a certa calma e permite aceitar a realidade como ponto de partida para uma mudança desejável. Se não nos deixarmos conduzir pelos torvelinhos das paixões, estaremos mais aptos a considerar com tranquilidade o melhor caminho a seguir. ***Matthieu***

Treinamento da mente

Penso que a prática espiritual, a meditação, o treinamento da mente procedem de uma mudança interior: trata-se de descer um ou vários andares para atingir o núcleo do nosso ser, distante da agitação e da angústia habituais. Treinar a mente, em resumo, implica desprogramá-la, descondicioná-la, empenhar-se com benevolência em identificar sua lógica insana – em geral uma grande paranoica e uma tirana maldita – para poder desenvolver-se e, progressivamente, abandonar os preconceitos. Na superfície, onde o famoso ego domina, reinam as armadilhas do ganho, do temor, das projeções, além de uma insatisfação das mais persistentes. No nível mais profundo do nosso ser, nos esperam a natureza de Buda, a calma, a paz, uma liberdade inimaginável.

Para começar a praticar a ascese, temos de encarar o diagnóstico de frente, reconhecer que quase sempre são nossos medos, complexos e delírios que manipulam os cordéis. Um passo em falso e pronto! – viramos marionetes, fantoches, títeres e até mesmo estranhos robôs. Felizmente, a prática espiritual está aí para nos ensinar a dançar no meio do caos, sem agregar mais nada. Longe de ser uma obrigação, ela parece quase um desafio: acabar com o falatório interior da rádio Mental FM, observar a inconsistência dos desejos mais obstinados, dissolver as ilusões que nos apartam do mundo e da liberdade.

Um dos grandes desafios do trabalho de si é desativar as bombas de efeito retardado legadas pelo passado: traumas, feridas, expectativas jamais atingidas, carências afetivas, traições e decepções. Um mergulho em si mesmo permite rever com um novo olhar a infinidade de acidentes banais, os esquecimentos, os tesouros e fantasmas do passado, e descobrir seus impactos subterrâneos, as influências que exercem hoje em nossos estados de alma, em nossa maneira de ser no mundo. Até quando suportaremos essa torrente de emoções reavivadas por uma simples lembrança? Quando o zen-budismo fala da Grande Morte, ele nos encoraja a recomeçar, a nos renovar, a simplesmente renascer. Podemos também nos divertir e descobrir as mil e uma ladainhas da mente: "Você é feliz; vai pagar caro por isso", "Cedo ou tarde, você vai se danar; prepare-se para degringolar!", "Queira sempre mais; consuma!", "Me dê de comer; estou faminta". São tantas as armadilhas que nos arrancam do presente, que nos tentam, que nos perseguem. A prática espiritual consiste em manter o rumo sem deixar a peteca cair. ***Alexandre***

VER TAMBÉM *MUDANÇA, MENTE, MEDITAR.*

DOIS CONSELHOS DE ALEXANDRE

PARA TREINAR A MENTE

- Treinar a mente não é um curso relâmpago de espiritualidade. Não há nenhuma necessidade de acumular conhecimentos. Basta libertar-se dos reflexos, dos clichês, dos mecanismos de defesa, dos "autoenganos". Por que não enunciar o adágio socrático para avançar na direção do progresso? Só sei que nada sei, só sei que não sei descansar, perdoar, apreciar a vida, nem passar uma hora sem bancar o idiota. São muitos os não saberes que levam ao progresso.
- Retornar ao estado anterior aos julgamentos: observar uma flor, contemplar uma paisagem, maravilhar-se diante da beleza de um rosto, sem reduzir essas experiências extraordinárias, sempre tão ricas e densas, sem enquadrá-las em categorias, sem classificá-las, sem compará-las com o que já foi vivido e conhecido. Deixar a vida simplesmente acontecer sem querer moldá-la com a força de nossas ideias. Em suma, recuperar a capacidade de maravilhamento de uma criança inocente.

Tropeçar

O itinerário espiritual jamais pode ser uma viagem organizada. É preciso esquecer o roteiro, os guias de viagem, os manuais de instrução. O dia a dia convida a improvisar, a recomeçar, a tentar trajetos inéditos, a avançar com os recursos existentes. Quem busca o progresso quebra a cara mil vezes por dia, perde-se nas bifurcações do caminho, tropeça, desencoraja-se. O desafio? O essencial? Manter-se de pé, tentar desenvolver uma atitude contemplativa para observar tudo sem permitir que os campos de batalha internos se desintegrem, descobrir as forças que nos oprimem, o caos que nos invade, fazer disso uma espécie de quadra de esportes, uma escola de vida. ***Alexandre***

VER TAMBÉM *PROGREDIR, RECAÍDA.*

U

Ursinhos Carinhosos

Meditar é descobrir todo o pacote de projeções, acusações, ressentimentos que parasitam a ligação com o outro. Nesse sentido, poderíamos afirmar que o treinamento da mente reduz o atrito nas relações humanas e arranca um a um os espinhos que surgem entre os indivíduos. Mergulhar em si mesmo é ousar ficar nu, é livrar-se das couraças, é despir-se totalmente para doar-se sem esperar nada em troca. É descobrir também que não existe território exclusivamente seu, nem fragmentos do eu a serem preservados. Por que diabos associar compaixão com aqueles ingênuos Ursinhos Carinhosos dos desenhos animados, já que essa força vem de uma hiperlucidez, de um hiper-realismo? Pertencemos à grande família humana. Cada um é livre para romper as rígidas divisões entre o exterior e o interior, entre o eu e o tu. ***Alexandre***

V

Vaidade

Tomo de empréstimo uma prática de um texto do Antigo Testamento, o Eclesiastes, que fornece uma pista fantástica na direção do budismo. Com seus ares pessimistas, o texto pretende destruir e nos livrar integralmente de todas as ilusões. Repito sempre sua célebre frase: "Vaidade das vaidades, tudo é vaidade". Reconhecer que tudo neste mundo é precário e frágil ajuda a avançar na direção de uma liberdade mais profunda. Isso cura minha alma da tendência de querer me consolar a qualquer custo. No fundo, é no caos que também posso descobrir a paz. Tudo passa, mas para minha grande infelicidade, não sei *deixar passar*; eu me apego, sofro demais. No fundo, o Eclesiastes me curou da própria ideia de curar. Perder uma a uma as próprias ilusões, as falsas esperanças, abre as portas para certa serenidade. A luta termina, o combate cansativo cede lugar à paz. ***Alexandre***

VER TAMBÉM *IMPERMANÊNCIA, SEGUIR EM FRENTE.*

Violência

Na realidade diária, a despeito da quantidade de violência que aflige o mundo, nossa existência é frequentemente entremeada por atos de cooperação, de amizade, de afeição e de solicitude. A raiz de toda forma de violência está na desvalorização do outro. Mas ao contrário do que muitos anteciparam, nem os fisiologistas, nem os psicólogos conseguiram demonstrar a existência de uma pulsão espontânea de hostilidade entre os seres humanos. A agressividade não se manifesta como uma motivação natural comparável à da fome, à da sede, à da necessidade de atividade e de contatos sociais. Além do mais, em nível global, a violência individual e coletiva não parou de diminuir no último milênio. Essa conclusão é fruto de estudos de grande amplitude conduzidos por equipes de pesquisadores durante os últimos trinta anos. No século XIV, um europeu tinha em média cinquenta vezes mais risco de ser vítima de homicídio do que hoje.

Não obstante, cerca de 3.500 pesquisas científicas demonstraram que o espetáculo da violência é, de fato, uma incitação à violência e que nas mídias é um dos fatores responsáveis pelas agressões. As crianças são particularmente vulneráveis, mas ela atinge a todos nós.

Uma criança de 12 anos já viu em média 12 mil mortes violentas na televisão. Uma pesquisa que fez a análise de 10 mil horas de programas selecionados ao acaso mostrou que 60% das transmissões de TV americanas continham atos de violência, numa razão de seis cenas por hora. O mais impressionante é que nos programas destinados à juventude, essa porcentagem atinge 70%, com 14 cenas de violência por hora.

O aspecto mais preocupante dos efeitos nefastos da violência é sua durabilidade. Os pesquisadores demonstraram que uma hora de programas violentos por dia quadruplicava a probabilidade de se identificarem problemas de comportamento nessas crianças nos cinco anos posteriores. Até recentemente, tinha-se prestado pouca atenção à criação de videogames pró-sociais, não violentos, nos quais os personagens cooperam e ajudam-se mutuamente, em vez de matarem-se uns aos outros. Uma pesquisa já mostrou que, a curto e longo prazo, esses videogames reduziam o nível geral de hostilidade e aumentavam muito as emoções positivas quando comparados aos jogos violentos ou meramente neutros. ***Matthieu***

VER TAMBÉM *AGRESSIVIDADE, NÃO VIOLÊNCIA*.

Voluntarismo

Cedo ou tarde, todo mundo corre o risco de confrontar-se com o perigo do voluntarismo, isto é, acreditar que tudo depende de nós, que a vontade e a razão reinam soberanas. Por ocasião de uma breve passagem num serviço de cuidados paliativos, descobri uma flagrante injustiça: exatamente a de que só a vontade não basta. Apesar de alguns pacientes alimentarem um estado de espírito fabuloso, despenderem uma energia considerável nisso, mesmo assim, a doença vencia e a morte os levava. Outros tinham mais sorte. O desafio é enaltecer os exercícios espirituais, seus efeitos consideráveis no humor, na saúde e mesmo no sistema imunitário, tendo sempre em mente que nada depende de nós.

Sempre desconfio das imposições. Impor alguma coisa a alguém que sofre seria maltratar, banalizar o sofrimento e também condenar quem não consegue sair dele. Outro dia, no dentista, achei muita graça, quando ele me advertiu: "Antes de mais nada, não se mexa! Senão vai ser um desastre." Seria o mesmo que dizer a uma criança: "Você vai dormir, pelo amor de Deus!". Com minha deficiência física, quanto mais tento controlar meus movimentos, mais o corpo se revolta, se exaspera e faz das suas. Será que mais uma vez, aquele era um convite urgente a fim de que eu parasse de tentar me controlar? Aí então, sentado naquela maldita cadeira de dentista, eu simplesmente ignorei as palavras do doutor e me acalmei dizendo a mim mesmo: "Você pode se mexer o quanto quiser; não controle nada; não tente nem mesmo relaxar". E aí o milagre aconteceu – fiquei inteiramente imóvel. Por isso, é bem perigoso forçar alguém com imposições do tipo "acorde", "mexa-se", coisas tão contraproducentes quanto desumanas.

Para aquele que na vida cotidiana convive com um sofrimento físico, ou um mal-estar interior, uma arte de viver é indispensável, para evitar que os problemas se transformem no centro da vida. Em primeiro lugar, concordo com Schopenhauer quando diz que não basta o sofrimento cessar para que eu forçosamente flutue no oceano da felicidade. Com muita frequência, eu daria tudo para me livrar de uma dor e, quando vem o alívio, ainda assim não me sinto feliz. Sou ingrato! Habituado a sonhar com o futuro, esqueço os mil e um presentes que estão aqui mesmo, ao alcance da minha mão. O exercício consiste em praticar a gratidão, mas bem do fundo do coração. Receber um sorriso como algo único, apreciar uma refeição, lançar um olhar ao céu. Em suma, abrir-se para o que nos é dado. Suportar dia após dia uma dor é mais uma maratona do que uma corrida de curta distância. Daí para a exaustão falta pouco. Por isso, a necessidade da extrema vigilância para não se tornar alguém ressentido e amargurado. ***Alexandre***

Vulnerabilidade

Como aceitar o caos, as mágoas, os repetidos passos em falso e esses hábitos que parecem continuar *ad vitam aeternam*? Libertar-se, avançar na direção da grande saúde é algo que não pode acontecer sem uma aceitação saudável e sincera da vida. Aceitar não significa colocar um tampão sobre o real. Além do mais, não é o ego que realiza esse gesto, é muito mais a resistência, as contrariedades que caem e cedem. Quase sempre descontente e insatisfeita, a mente não quer aceitar as coisas. Seríamos programados para desqualificar o mundo? No restaurante, depois de ter consultado meticulosamente o cardápio, peço de livre e espontânea vontade uma pizza, mas meu vizinho de mesa opta pelo *gratin dauphinois*, um delicioso prato de batatas gratinadas. Subitamente, morro de vontade de avançar no prato dele.

A mente jamais ficará satisfeita com a própria condição. Exigir que esse "eu" diga sim à impermanência, aos altos e baixos da existência, às vulnerabilidades, é de certa forma uma violência. Nenhuma aceitação pode ser obtida a fórceps. Nenhum consentimento feliz pode surgir de uma recusa inicial, originária. Em *Além do bem e do mal*, Nietzsche refere-se a um granito mental. Em meu coração habita um granito de medos, dores, traumas, uma fragilidade que resiste e parece derrotar todos os meus esforços. São muitas as forças da inércia que se opõem às mudanças, à transformação. A grande saúde traça um caminho que se conquista milímetro por milímetro. Confiança e paciência, a léguas de distância de qualquer tipo de resignação, são os dois flancos que fornecem a dinamite para explodir o granito. ***Alexandre***

VER TAMBÉM *CAOS, FRAGILIDADE, GRANDE SAÚDE, SIM.*

Z

Zen

O zen não é o zen, sou eu que o chamo assim. Oriundo do termo sânscrito "*dhyana*", que significa "meditação", o termo "zen" designa a escola budista de inspiração Mahayana. Essa via convida a ultrapassar os conceitos e, sem se fixar em nada, a descobrir e realizar em si mesmo a natureza de Buda. Nada a ver com essas imposições marqueteiras que nos acenam com a possibilidade de ficar zen!

As palavras de Yunmen apontam para o gosto por essa prática, por essa arte: "Quando você estiver andando, ande; quando estiver sentado, fique sentado. Sobretudo, não hesite". Huineng, sexto patriarca do budismo Chan, expõe seu método límpido e luminoso no *Sutra da Plataforma*: "Quando nos detemos num pensamento, o fluxo de pensamentos também se interrompe imediatamente, e isso se chama apego". Durante a meditação, pode acontecer que mil conceitos e fabricações mentais atravessem a mente, que a mente passe de pato a ganso, que se fixe no passado ou se projete no futuro; nada mais natural. É assim a natureza e a fluidez da mente. Mas o ego revolta-se, exaspera-se, agarra-se. Daí a torrente de sofrimentos, de resistências, de recusas, de mal-estar. Aceitar o real, eis o desafio! Viver naturalmente... ***Alexandre***

PEQUENA BIBLIOGRAFIA COMENTADA DA SABEDORIA

CINCO LIVROS DE SABEDORIA POR CHRISTOPHE

SIMONE WEIL: *A GRAVIDADE E A GRAÇA*

Uma obra límpida por sua linguagem e clareza, que induz a uma filosofia de vida radical e desafiadora. Não há lugar para a complacência, a preguiça, a mentira e a ilusão. Simone Weil não busca apenas nos reconfortar, mas abrir nossos olhos, nos alertar, para que avancemos com o máximo da perfeição. De algum modo, é como estar sempre em guerra contra si mesmo: "Desde que se pensou em algo, procurar em que sentido o contrário é verdadeiro". Se o conjunto dos humanos pensasse assim, tudo mudaria aqui na face da Terra.

ANDRÉ COMTE-SPONVILLE: *DICIONÁRIO FILOSÓFICO*

Atenção! Não se trata de um dicionário de filosofia, restrito à definição dos grandes conceitos, mas de um dicionário filosófico, ou melhor, do olhar de um filósofo para as coisas da vida, organizadas em ordem alfabética. Uma clareza de pensamento como eu jamais li em nenhum outro lugar, um estilo elegante, com revelações brilhantes a cada página, como a que ilustra essa definição da sabedoria: "O máximo de felicidade com o máximo de lucidez".

MICHEL DE MONTAIGNE: *OS ENSAIOS*

Quando nos dizem que "é preciso encarar as coisas filosoficamente", não quer dizer que temos de refletir sobre nossos problemas com a ajuda de conceitos teóricos, mas sim que é preciso aceitar o real, que a vida é um lugar de adversidades e que se afligir com as preocupações não as aliviará em nada. Essa sabedoria da existência cotidiana, essa filosofia sem tese nem sistema, é a sabedoria de Montaigne, um ser humano a quem tudo interessava, que questionava tudo, que aproveitava ao máximo o menor acontecimento de sua jornada, fosse ele feliz ou doloroso. Alguém que, há cinco séculos, deixou suas reflexões por escrito, sem ordem e sem nenhuma pretensão: "Toda essa mistura de coisas que tenho aqui são apenas um registro dos ensaios da minha vida". Quando se lê Montaigne, dá vontade de ser como ele.

JON KABAT-ZINN: *VIVER A CATÁSTROFE TOTAL*

Nem filósofo, nem médico, muito mais do que isso: Jon Kabat-Zinn, marido de Myla Zinn, é terapeuta e visionário. Foi ele quem pressentiu, no final do século XX, que o mundo precisava da meditação. Mas ela permanecia oculta, adormecida na calma dos monastérios e nos pequenos círculos de iniciados. Foi ele quem a reavivou, desenvolvendo uma forma de meditação laica, acessível, que podia ser testada do ponto de vista científico: a atenção plena. Essa meditação conquistou os profissionais da área da saúde e da educação e depois o mundo inteiro. Mais do que uma ferramenta de gestão do estresse, mais do que um antídoto para o tumulto superficial e alienante de nossa época, a meditação da atenção plena é uma via de sabedoria: a sabedoria da aceitação que leva à ação justa, à sabedoria do instante presente, que ajuda a pensar melhor tanto o passado como o futuro. "Quanto mais você respirar, mais vai perceber que existem muito mais coisas que vão bem com você do que coisas que vão mal". Frase de uma simplicidade radical, a princípio surpreendente e inquietante, depois venturosa e libertadora.

MARCO AURÉLIO: *MEDITAÇÕES*

Você acha que um homem que viveu há dois mil anos, que foi imperador romano (um dos maiores) não tem muita coisa a ver com você? Então é porque ainda não leu Marco Aurélio. Sua busca constante de sabedoria e de progresso fazia com que ele estivesse sempre em contato com o real, com a natureza, com os outros seres humanos. E continuasse sempre humilde nas suas convicções: "Se, baseado em provas, alguém puder me convencer que minhas opiniões ou que minha conduta não são corretas, com prazer eu as mudarei". Uma sabedoria que não se afasta da vida, mas que, ao contrário, confronta-se com ela e nutre-se dela.

Farmacopeia de Alexandre em forma de bibliografia

JEANNE HERSCH: *L'ÉTONNEMENT PHILOSOPHIQUE* [O FASCÍNIO FILOSÓFICO]

Um límpido e estimulante panorama das grandes correntes do pensamento filosófico. Nessa obra, Jeanne Hersch parece nos conduzir pela mão para nos iniciar nos fascínios mais significativos e determinantes que percorrem e fundam nossa civilização. A capacidade de maravilhar-se, como ressalta Aristóteles, está na origem da filosofia. Dos pré-socráticos a Karl Jaspers, com felizes escalas em Sócrates, Santo Agostinho, Descartes, Kant, Nietzsche, Kierkegaard, Heidegger assim como em outros guias geniais, a filósofa suíça nos ensina a pensar sem automatismos nem preconceitos; ela nos desperta.

CHOGYAM TRUNGPA RINPOCHE: *TRAINING THE MIND* [O TREINAMENTO DA MENTE]

Nessas páginas inspiradas, o grande mestre tibetano nos encoraja a incorporar um caminho espiritual e a treinar a mente no meio do cotidiano. Desconstruindo as frágeis tramas urdidas pelo ego, ele abre a via na direção de uma autêntica dádiva de si, de uma verdadeira libertação interior. Esse livro acaba com tudo o que nos impede de ser bodisatvas livres e felizes. Sem dúvida, é "o" livro que eu levaria para uma ilha deserta. Uma obra que me desperta e me reconforta todos os dias.

BARUCH SPINOZA: *ÉTICA*

Nessas linhas incandescentes, Spinoza nos afasta, milímetro por milímetro, de tudo o que envenena para nos conduzir à beatitude. Esse fantástico "médico das mentes" identifica, analisa os mecanismos da alienação, os problemas passionais que com muita frequência nos transformam em tristes autômatos. Ao longo do caminho, o filósofo nos oferece um recurso: a alegria. Essa obra absorvente, rigorosa, mostra que a liberdade evolui a cem léguas de distância de um eu voluntarioso, que só pensa em si mesmo. Descobrir essas páginas é experimentar, é sentir a possibilidade de uma alegria incondicional, de dizer sim ao mundo sem nenhuma reserva.

FRIEDRICH NIETZSCHE: *ALÉM DO BEM E DO MAL*

O pensador de fartos bigodes, que filosofa a golpes de martelo, insiste em questionar nossas certezas e necessidades, a arquitetura do mundo que tentamos consertar para nós mesmos. Ele nos transmite um amor pela vida tal como ela se apresenta: trágica e magnífica, por vezes dura e generosa. Uma meditação em atos, um caminho de libertação, uma escola de liberdade.

ETTY HILLESUM: *UMA VIDA INTERROMPIDA*

A aceitação pode ser resultado de maus tratos, quando é imposta de cima, quando obriga alguém à resignação, ao fatalismo. Nada disso acontece nesse livro-testemunho que conduz diretamente a uma serenidade dócil e sensível, aberta, luminosa, radiante. Perturbador, esse diário íntimo ajuda verdadeiramente a viver e a ser melhor.

SHUNRYU SUZUKI: *MENTE ZEN, MENTE DE PRINCIPIANTE*

Não resta dúvida de que o livro *Training the Mind* [O treinamento da mente] é uma das melhores iniciações à prática da meditação. Shunryu Suzuki apresenta os grandes princípios da meditação zazen, que afinal só são princípios porque eu os chamo princípios.

Esse grande mestre, brincalhão e risonho, desperta nosso gosto pelo zen, pelo frescor do aqui e agora.

MESTRE ECKHART: *CONSELHOS ESPIRITUAIS*

Místico genial, Mestre Eckhart nos livra do peso de um Deus vingativo, perito em ajuste de contas. A seu lado, nasce um desapego alegre, claro, radiante e generoso. Esse grande metafísico entra no nosso dia a dia para revelar o milagre de poder abrir os olhos a todo instante. Estar junto dele é chegar até o fundo de nós mesmos, morrer e renascer para uma nova vida, é principiar uma via longe da culpa e de qualquer peso. Mestre Eckhart desbloqueia tudo, liberta, amplia o horizonte.

A arte da sabedoria por Matthieu

DALAI LAMA E HOWARD CUTLER: *A ARTE DA FELICIDADE*

Nesse livro, ao mesmo tempo simples e profundo, o Dalai Lama, com seu habitual bom senso e sabedoria – entrevistado com habilidade e respeito por Howard Cutler –, estimula-nos a realizar a aspiração natural de todo ser humano: evitar o sofrimento e ser feliz, cultivando qualidades humanas fundamentais como a benevolência, a compaixão, o sentido do contentamento (não querer sempre mais), o autocontrole e, é claro, a sabedoria.

DALAI LAMA: *ANCIENT WISDOM, MODERN WORLD* [SABEDORIA ANTIGA, MUNDO MODERNO]

Em um dos raros livros decorrentes de uma conferência que proferiu para uma plateia contemporânea, o Dalai Lama nos fornece pistas impregnadas de sabedoria e de compaixão para que trabalhemos juntos por um mundo melhor, mais altruísta e solidário. Nesse livro, ele explora alguns de seus temas favoritos: a natureza da realidade, a interdependência crucial de todos os seres (e da natureza), a ética secular, o discernimento, a responsabilidade universal, o desarmamento e o papel da religião.

DILGO KHYENTSE RINPOCHE: *A ESSÊNCIA DA COMPAIXÃO: AS 37 PRÁTICAS DO BODISATVA*

Se eu tivesse de levar um único livro para alguma famosa ilha deserta, seria esse. Um magnífico ensinamento sobre a prática do amor altruísta, a compaixão, a celebração das qualidades do outro e a imparcialidade. Ele nos dá igualmente instruções diretas e perspicazes para colocar a sabedoria em prática a cada instante de nossa existência, enquanto avançamos rumo à liberdade interior.

NAGARJUNA: *VERSOS FUNDAMENTAIS DO CAMINHO DO MEIO*

Esse é o texto fundamental da mais pura sabedoria budista ligada ao caminho "do meio". O "meio" a que o texto se refere transcende todas as opiniões filosóficas possíveis que a busca do real e da verdade puderam suscitar na história do pensamento, na história da religião e, particularmente, nos extremismos do realismo ingênuo e do niilismo. Na Iluminação, o caminho do meio transcende e ultrapassa todas as construções intelectuais e todos os conceitos. A sabedoria em estado puro é o objetivo do Caminho.

SÊNECA: *SOBRE A BREVIDADE DA VIDA*

Um livro de reconfortante sabedoria e bastante útil que nos relembra a impermanência de todas as coisas, a certeza da morte e a incerteza de sua hora. Com verve e perspicácia, o livro de Sêneca nos encoraja a não arruinar nossa existência com preocupações vãs e atividades inúteis. Deve ser relido com frequência.

SHABKAR: AUTOBIOGRAPHIE D'UN YOGI TIBÉTAIN
[SHABKAR: AUTOBIOGRAFIA DE UM IOGUE TIBETANO]

A sabedoria é tão mais evidente e fecunda quando ilustrada pelo exemplo de uma vida magnificamente vivida, na qual cada instante acontece em perfeita coerência com a sabedoria suprema e com o mais minucioso discernimento nas ações, palavras e pensamentos. Essa vasta autobiografia é uma mina de instruções espirituais e uma perpétua fonte de inspiração que nutriu dez anos da minha existência, tempo que levei para traduzir o livro do tibetano. Às vezes, a história de Shabkar comove até às lágrimas, outras faz morrer de rir, mas acima de tudo, como dizia meu mestre Dilgo Kyentse Rinpoche: "Lendo a narrativa de sua vida, nosso espírito é inevitavelmente conduzido à sabedoria".

Dos mesmos autores

CHRISTOPHE ANDRÉ, ALEXANDRE JOLLIEN, MATTHIEU RICARD

Trois amis en quête de sagesse, L'Iconoclaste et Allary Éditions, 2016. [*O caminho da sabedoria: Conversas entre um monge, um filósofo e um psiquiatra sobre a arte de viver.* Tradução de Eric Heneault. São Paulo: Alaúde, 2016.]

À nous la liberté, L'Iconoclaste et Allary Éditions, 2018. [*Para nós a liberdade.* Tradução de Edgard de Assis Carvalho e Mariza Perassi Bosco. São Paulo: Palas Athena, 2021.]

CHRISTOPHE ANDRÉ

PELA EDITORA L'ICONOCLASTE

Le temps de méditer, 2019.

Mon programme anti-dépression, 2018, com Mademoiselle Caroline.

La vie intérieure, 2018 (com CD de exercícios). [*A vida interior: Uma viagem pelo mundo das emoções e das sensações.* Tradução de Helena Sobral. Lisboa: Presença, 2018.]

3 minutes à méditer, 2017 (com CD de exercícios). [*3 Minutos para Meditar.* Tradução de Ana Cardoso e João Cardoso. Lisboa: Presença, 2017.]

Se changer, changer le monde, 2013, com Jon Kabat-Zinn, Pierre Rabhi e Matthieu Ricard.

Méditer, jour après jour. 25 leçons de pleine conscience, 2011 (com CD de exercícios).

De l'art du bonheur, 2010, nova edição.

PELA EDITORA ODILE JACOB

Et n'oublie pas d'être heureux: Abécédaire de psychologie positive, 2014.

Sérénité: 25 histoires d'équilibre intérieur, 2012.

Les États d'âme: Un apprentissage de la sérénité, 2009.

Imparfaits, libres et heureux: Pratiques de l'estime de soi, 2006. [*Imperfeitos, livres e felizes*. Tradução de Clóvis Marques. Rio de Janeiro: BestSeller, 2009.]

Psychologie de la peur: Craintes, angoisses et phobies, 2004. [*Psicologia do medo: Como lidar com temores, fobias, angústias e pânicos*. Tradução de João B. Kreuch. São Paulo: Vozes, 2007.]

Vivre heureux: Psychologie du bonheur, 2003. [*Viver feliz: A construção da felicidade*. Tradução de Claudia Berliner. São Paulo: Martins Fontes, 2006.]

La Force des émotions: Amour, colère, joie, 2001, com François Lelord. [*A força das emoções: Amor, cólera, alegria*. Tradução de Ana Moura. Caiscais: Pergaminho, 2002.]

La Peur des autres: Trac, timidité et phobie sociale, 2000, com Patrick Légeron. [*O medo dos outros: Nervoso, timidez e fobia social*. Tradução de João Costa. Lisboa: Livros do Brasil, 1996.]

L'Estime de soi: S'aimer mieux pour vivre avec les autres, 1999, com François Lelord. [*Autoestima: Amar a si mesmo para conviver melhor com os outros*. Tradução de Luca Albuquerque. Rio de Janeiro: Viva Livros, 2014. Nova Era, 2003.]

Comment gérer les personnalités difficiles, 1996, com François Lelord. [*Como gerir as personalidades difíceis*. Tradução de Sylvie Canape. Lisboa: Instituto Piaget, 1998. *Aprendendo a conviver com pessoas difíceis*. São Paulo: Ática, 1998.]

PELA ÉDITIONS DU SEUIL, COLLECTION « POINTS »

Méditations sur la vie, 2017, com Anne Ducrocq.

Je résiste aux personnalités toxiques (et autres casse-pieds), 2011, com o cartunista Muzo.

Je guéris mes complexes et mes déprimes, 2010, com o cartunista Muzo.

Je dépasse mes peurs et mes angoisses, 2010, com o cartunista Muzo.

POR OUTRAS EDITORAS

Les Pensées qui soignent, com Michel Le Van Quyen. Belin, 2017.

Qui nous fera voir le bonheur, com Martin Steffens. Le Passeur, 2014.

ALEXANDRE JOLLIEN

La sagesse espiègle. Éditions Gallimard, 2018.

Vivre sans pourquoi: Itinéraire spirituel d'un philosophe en Corée. L'Iconoclaste, Éditions du Seuil, 2015.

Petit Traité de l'abandon: Pensées pour accueillir la vie telle quelle se propose. Éditions du Seuil, 2012 et «Points Essais», nº 755, 2015.

Le Philosophe nu. Éditions du Seuil, 2010 et «Points Essais», nº 730, 2014.

La Construction de soi: Un usage de la philosophie. Éditions du Seuil, 2006 e «Points Essais», nº 680, 2012.

La Philosophie de la joie, commentaire de Bernard Campan. Livro sonoro. Éditions Textuel, 2008.

Le Métier d'homme, Éditions du Seuil, 2002 e «Points Essais», nº 705, 2013.

Éloge de la faiblesse. Éditions du Cerf, 1999, Marabout, 2011. Obra premiada pela Académie française.

MATTHIEU RICARD

ENSAIOS

Plaidoyer pour les animaux. Allary Éditions, 2014. [*Em defesa dos animais*: *Direitos da vida*. Tradução de Tamara Barile. São Paulo: Palas Athena, 2017.]

Plaidoyer pour l'altruisme. NiL Éditions, 2013. [*A revolução do altruísmo*. Tradução de Inês Polegato; revisão técnica de Lucia Benfatti, Martha Gouveia da Cruz, Tamara Barile. São Paulo: Palas Athena, 2015.]

Chemins spirituels: Petite anthologie des plus beaux textes tibétains. NiL Éditions, 2010.

L'Art de la méditation. NiL Éditions, 2008. [*A arte de meditar: Um guia prático para os primeiros passos na meditação*. Tradução de Walquíria Corrêa de Araújo Cardoso Vale. Porto Alegre: Globo, 2010.]

La Citadelle des neiges. NiL Éditions, 2005. [*A fortaleza de neve: Um conto espiritual*. Tradução de Marcos Marcionilo. Rio de Janeiro: Ediouro, 2007.]

Plaidoyer pour le bonheur. NiL Éditions, 2003. [*Felicidade: A prática do bem-estar*. Tradução de Arnaldo Bassoli. São Paulo: Palas Athena, 2007.]

Les Migrations animales. Robert Laffont, «Collection Jeune Science», 1968.

OBRAS COLABORATIVAS

Pouvoir et altruisme, com Tania Singer. Allary Éditions, 2018.

Cerveau et méditation, com Wolf Singer. Allary Éditions, 2017. [*Cérebro e meditação*: *Diálogos entre o budismo e a neurociência*. Prefácio de Christophe André. Tradução de Fernando Santos. São Paulo: Alaúde, 2018.]

Vers une société altruiste, com Tania Singer. Allary Éditions, 2015.

Se changer, changer le monde, com Christophe André, Jon Kabat-Zinn e Pierre Rabhi. L'Iconoclaste, 2013.

L'Infini dans la paume de la main, com Trinh Xuan Thuan. NiL Éditions, 2000. [*O infinito na palma da mão: Budismo, ciência e salvação*. Tradução de José A. Pereira Neto. Lisboa: Editorial Notícias, 2001.]

Le Moine et le Philosophe, com Jean-François Revel. NiL Éditions, 1997. [*O monge e o filósofo: O budismo hoje*. Tradução de Joana Angélica d'Ávila Melo. São Paulo: Mandarim, 1998.]

FOTOGRAFIAS

Émerveillements. Éditions de la Martinière, 2019.

Un demi-siècle dans l'Himalaya. Éditions de la Martinière/Yellow Korner, 2017.

Visages de paix / Terres de sérénité. Éditions de la Martinière, 2015.

Hymne à la beauté. Éditions de la Martinière/Yellow Korner, 2015.

108 sourires. Éditions de la Martinière, 2011.

Bhoutan: Terre de sérénité. Éditions de la Martinière, 2008.

Un voyage immobile: L'Himalaya vu d'un ermitage. Éditions de la Martinière, 2007.

Tibet: Regards de compassion. Éditions de la Martinière, 2002.

Himalaya bouddhiste, com Olivier e Danielle Föllmi. Éditions de la Martinière, 2008.

Moines danseurs du Tibet, Albin Michel, 1999.

L'Esprit du Tibet, (1996), reedição de Éditions de la Martinière, 2011.

TRADUÇÕES DO TIBETANO

Le vagabond de l'Éveil: La vie et les enseignements de Patrul Rinpoche, Padmakara, 2018.

Shabkar: Autobiographie d'un yogi tibétain, Padmakara, 2013.

Dilgo Khyentsé, *Au cœur de la compassion*. Reedição de Padmakara, 2008. [*A essência da compaixão: As 37 práticas do bodisatva*. Makara, 2013.]

Dilgo Khyentsé , *Les Cent Conseils de Padampa Sangyé*. Padmakara, 2003.

Dilgo Khyentsé , *Le Trésor du cœur des êtres éveillés*. Le Seuil, coll. «Points Sagesses», 1996.

Dilgo Khyentsé Rinpoché, *Au seuil de l'Éveil*. Padmakara, 1995.

Dilgo Khyentsé, *La fontaine de grâce*. Padmakara, 1995.

Dilgo Khyentsé, *Audace et compassion*. Padmakara, 1993.

KARUNA-SHECHEN –
INCENTIVAR O ALTRUÍSMO NO MUNDO

Matthieu Ricard reverte a integralidade de seus ganhos – fotografias, conferências, direitos autorais de todos os seus livros – aos projetos humanitários empreendidos pela Associação Karuna-Shechen, que há vinte anos ajudou a fundar, com o objetivo de aliviar o sofrimento dos menos privilegiados na Índia, no Nepal e no Tibete.

A Karuna-Shechen propicia a cerca de 200 mil pessoas por ano o acesso à saúde, à educação e à formação profissional. Concretamente, este livro que você segura agora nas mãos permite que uma criança no Nepal frequente a escola por uma semana, que duas pessoas deficientes recebam uma consulta médica ou que uma família indiana se beneficie de uma horta orgânica durante uma estação do ano. Obrigado!

A Associação Karuna-Shechen é movida pela solidariedade e está convencida da importância de cultivar um estado de espírito altruísta pleno de humildade, alegria e determinação. Com o ideal de "altruísmo em ação", foi fundada com o intuito de ajudar a criar em conjunto um mundo melhor e mais justo.

Para mais informações:
Karuna-Shechen
20 bis, rue Louis-Philippe
92200 Neuilly-sur-Seine
contact@karuna-shechen.org
www.karuna-shechen.org.

Texto composto em Times New Roman.
Impresso em papel Offset 90gr na Mundial Gráfica.